INHALT

+ WIDMUNG
+ VORWORT
+ Wer SAGT DAS?

1) Das Sanktions-Urteil

2) Beraterische Konsequenzen

3) Analyse der Sanktionen - *oder* -
Die Vernichtung des Hartz IV anhand von Fakten
und Erkenntnissen unterschiedlicher
Wissenschaften.

4) Konkreter Widerstand gegen Hartz IV.
Taktiken und Strategien.

5) Unsere Ohrfeigen - Performance vor dem
BVerfG am 05.11.2019

6) Hall Of Fame

7) *Impressum*

WIDMUNG

Dieses Buch widme ich allen denen
die für Hartz IV eintraten,
es für richtig und gut hielten -
und nun endlich in weiten Teilen vom
Bundesverfassungsgericht eines Besseren
belehrt wurden!

Ganz besonders aber Herrn P. S. aus L., der
meinte, meine Kritik am Hartz IV-System sei
falsch und rufschädigend und der mich
daraufhin mit demütigenden Strafen
überzogen hat.

In positiver Weise widme ich dieses Buch
natürlich allen Unterstützer*innen der Kritik
an Hartz IV, insbesondere auch denen, die
später im Buch in der "Hall Of Fame"
genannt werden!

Burkhard Tomm-Bub, M. A.
im November 2019

VORWORT

Um Nachsicht wird gebeten: dieses Buch ist von einem Laien und Selfpublisher umgesetzt worden! Es sollte möglichst zügig erscheinen und die konkret immer noch wichtigen und hilfreichen Elemente früherer Bücher mit enthalten. Und es sollte möglichst preiswert sein. (Sollten dennoch Gewinne entstehen, werden diese ohne Abzug an Erwerbslosen - Initiativen gespendet.) Daraus ergeben sich mögliche Fehler und Schwächen im Schriftbild, in einzelnen Formulierungen, des Zeilenumbruchs, u. ä. Vereinzelt könnten sich auch noch überkommene Zahlenangaben wie "Sanktionen von 60% und 100% sind möglich" finden. Diese sind aus dem Zusammenhang heraus dann nicht zu beachten. Alle anderen Fakten und Zahlen bleiben aber richtig und aktuell! Ich bitte um Verständnis.

Der Gesetzgeber plant bereits für das nächste Jahr (also 2020) eine Umsetzung des Urteils des Bundesverfassungsgerichtes (BVerfG) in konkrete Gesetze. SOLLTE dies tatsächlich so schnell geschehen - informieren Sie sich bei Eintreten bitte aktuell eigenständig!

HARTZ IV - der Kampf geht weiter!

Burkhard Tomm-Bub, M. A.

WER SAGT DAS?

Das sage ich. Ich bin Burkhard Tomm-Bub, M. A.
Der (unfreiwillig!) faulste Sozialarbeiter Deutschlands.
*Fragen dazu kann ich öffentlich leider erst ab ca. 2021
beantworten ... :-)*

Vielleicht nicht DER Fachmann für alle Fragen rund um
Hartz IV / ALG II / SGB II. Aber ein guter.

Präziser: **Über den Autor**

Burkhard Tomm-Bub, M.A. (geb. 1957 in Recklinghausen,
NRW) ist Staatlich anerkannter Erzieher, Diplom-
Sozialarbeiter (FH) und Magister der Erziehungs-
wissenschaft (Schwerpunkte Psychologie und Soziologie).
Als zufrieden abstinenter / cleaner Mehrfachabhängiger (seit
1989) ist er auch als Ehrenamtlicher Suchtkrankenhelfer
aktiv.
Er arbeitete in der Offenen Kinder- und Jugendarbeit, als
Sozialfachkraft in einem Sozialamt und mehrere Jahre als
Fallmanager in einem jobcenter.

Interessen sind Interkulturelles, Flüchtlingshilfe, social
media, Blogs, websites und die VR (Virtual Reality).
Pazifist, Humanist, Feminist, Umweltfreund und
lebenslänglicher Vegetarier.
Er ist Mitglied keiner Sekte, Kirche noch Partei.
Und hier das wichtigste:
Aktivist gegen Hartz IV seit etlichen Jahren!

Kontakt:
ogma1@t-online.de

<u>**URTEILSTEXT**</u> (3 Seiten)

Zunächst der komplette Urteilstext. Die Urteilsbegründung ist natürlich wesentlich länger. Auf kritische Punkte darin wird später noch eingegangen.

Quelle (entnommen am 20.11.2019):

https://www.bundesverfassungsgericht.de/SharedDocs/Entscheidungen/DE/2019/11/ls20191105_1bvl000716.html

SANKTIONEN IM HARTZ IV

" ... hat das Bundesverfassungsgericht - Erster Senat - unter Mitwirkung der Richterinnen und Richter

Vizepräsident Harbarth,
Masing,
Paulus,
Baer,
Britz,
Ott,
Christ,
Radtke

aufgrund der mündlichen Verhandlung vom 15. Januar 2019 durch Urteil für Recht erkannt:

1. § 31a Absatz 1 Sätze 1, 2 und 3 Sozialgesetzbuch Zweites Buch in der Fassung des Gesetzes zur Ermittlung von Regelbedarfen und zur Änderung des Zweiten und Zwölften Buches Sozialgesetzbuch vom 24. März 2011 (Bundesgesetzblatt I Seite 453) sowie der Bekanntmachung der Neufassung des Zweiten Buches Sozialgesetzbuch vom 13. Mai 2011 (Bundesgesetzblatt I Seite 850), geändert durch das Gesetz zur Verbesserung der Eingliederungschancen am Arbeitsmarkt vom 20. Dezember 2011 (Bundesgesetzblatt I Seite 2854), geändert durch das Neunte Gesetz zur Änderung des Zweiten Buches Sozialgesetzbuch – Rechtsvereinfachung – sowie zur vorübergehenden Aussetzung der Insolvenzantragspflicht vom 26. Juli 2016 (Bundesgesetzblatt I Seite 1824), ist für Fälle des § 31 Absatz 1 Sozialgesetzbuch Zweites Buch in der genannten Fassung mit Artikel 1 Absatz 1 Grundgesetz in Verbindung mit dem Sozialstaatsprinzip des Artikel 20 Absatz 1 Grundgesetz unvereinbar, soweit die Höhe der Leistungsminderung bei einer erneuten Verletzung einer Pflicht nach § 31 Absatz 1 Sozialgesetzbuch Zweites Buch die Höhe von 30 Prozent des maßgebenden Regelbedarfs übersteigt, soweit eine Sanktion nach § 31a Absatz 1 Sätze 1 bis 3 Sozialgesetzbuch Zweites Buch zwingend zu verhängen ist, auch wenn außergewöhnliche Härten vorliegen, und soweit § 31b Absatz 1 Satz 3 Sozialgesetzbuch Zweites Buch für alle Leistungsminderungen ungeachtet der Erfüllung einer Mitwirkungspflicht oder der Bereitschaft dazu eine starre Dauer von drei Monaten vorgibt.

2. Bis zum Inkrafttreten der Neuregelung durch den Gesetzgeber sind § 31a Absatz 1 Sätze 1, 2 und 3 und § 31b Absatz 1 Satz 3 in Fällen des § 31 Absatz 1 Sozialgesetzbuch Zweites Buch in der Fassung folgender Übergangsregelungen weiter anwendbar:

a. § 31a Absatz 1 Satz 1 Sozialgesetzbuch Zweites Buch ist in den Fällen des § 31 Absatz 1 Sozialgesetzbuch Zweites Buch mit der Maßgabe anzuwenden, dass die Leistungsminderung wegen einer Pflichtverletzung nach §

31 Absatz 1 SGB II nicht erfolgen muss, wenn dies im konkreten Einzelfall unter Berücksichtigung aller Umstände zu einer außergewöhnlichen Härte führen würde. Insbesondere kann von einer Minderung abgesehen werden, wenn nach Einschätzung der Behörde die Zwecke des Gesetzes nur erreicht werden können, indem eine Sanktion unterbleibt.

b. § 31a Absatz 1 Sätze 2 und 3 Sozialgesetzbuch Zweites Buch sind in den Fällen des § 31 Absatz 1 Sozialgesetzbuch Zweites Buch mit der Maßgabe anwendbar, dass wegen wiederholter Pflichtverletzungen eine Minderung der Regelbedarfsleistungen nicht über 30 Prozent des maßgebenden Regelbedarfs hinausgehen darf. Von einer Leistungsminderung kann abgesehen werden, wenn dies im konkreten Einzelfall unter Berücksichtigung aller Umstände zu einer außergewöhnlichen Härte führen würde. Insbesondere kann von einer Minderung abgesehen werden, wenn nach Einschätzung der Behörde die Zwecke des Gesetzes nur erreicht werden können, indem eine Sanktion unterbleibt.

c. § 31b Absatz 1 Satz 3 Sozialgesetzbuch Zweites Buch ist in den Fällen des § 31 Absatz 1 Sozialgesetzbuch Zweites Buch mit folgender Maßgabe anzuwenden: Wird die Mitwirkungspflicht erfüllt oder erklären sich Leistungsberechtigte nachträglich ernsthaft und nachhaltig bereit, ihren Pflichten nachzukommen, kann die zuständige Behörde unter Berücksichtigung aller Umstände des Einzelfalls ab diesem Zeitpunkt die Leistung wieder in vollem Umfang erbringen. Die Minderung darf ab diesem Zeitpunkt nicht länger als einen Monat andauern."

* * * * * * *

PROBLEMATISCHE RANDZIFFERN
aus der Urteilsbegründung (3 Seiten)

Die Randziffer 209 (R 209) aus der Urteilsbegründung
bereitet vielen Kopfschmerzen.
In ethischer und humaner Sicht teile ich diese Schmerzen
absolut.
In der realen Praxis aber nicht unbedingt.

Zunächst der Text des Absatzes.

R 209:

"Anders liegt dies folglich, wenn und solange
Leistungsberechtigte es selbst in der Hand haben, durch
Aufnahme einer ihnen angebotenen zumutbaren Arbeit (§
31 Abs. 1 Satz 1 Nr. 2 SGB II) ihre menschenwürdige
Existenz tatsächlich und unmittelbar durch die Erzielung von
Einkommen selbst zu sichern. Ihre Situation ist dann im
Ausgangspunkt derjenigen vergleichbar, in der keine
Bedürftigkeit vorliegt, weil Einkommen oder Vermögen
aktuell verfügbar und zumutbar einsetzbar sind. Wird eine
solche tatsächlich existenzsichernde und im Sinne des § 10
SGB II zumutbare Erwerbstätigkeit ohne wichtigen Grund im
Sinne des § 31 Abs. 1 Satz 2 SGB II willentlich verweigert,
obwohl im Verfahren die Möglichkeit bestand, dazu auch
etwaige Besonderheiten der persönlichen Situation
vorzubringen, die einer Arbeitsaufnahme bei objektiver
Betrachtung entgegenstehen könnten, ist daher ein
vollständiger Leistungsentzug zu rechtfertigen."

....
....

Bei den Überlegungen, wie ich hier möglichst klar und doch
geschliffen etwas dazu erläutern kann, stieß ich in einem

Forum auf eine wie ich finde sehr gute Aussage, die ich nahezu wörtlich übernehmen möchte.

" ... Das würde nur gehen, wenn man sich fleißig positiv bewirbt, dann brav zum Vorstellungsgespräch erscheint und sich wirklich richtig um diese Stelle bemüht. Am nächsten Tag liegt der Arbeitsvertrag bereit und jetzt fällt jemanden erst ein, ach Gott ich will das ja gar nicht machen und ruft beim JC an ...
Ich glaube so einen Fall gab es noch nicht einmal beim JC. Die meisten Leute werden das gleich von Beginn an ablehnen, bevor erst ein gütliger Arbeitsvertrag formuliert wird und dann greift nur die 30% Sanktion, fertig."

....
....

* * *

Randziffer 189 (R 189)

Der Text:

" ... bb) Die in § 31a Abs. 1 Satz 2 SGB II im Fall der ersten wiederholten Verletzung einer Mitwirkungspflicht nach § 31 Abs. 1 SGB II vorgegebene Minderung der Leistungen des maßgebenden Regelbedarfs in einer Höhe von 60 % ist mit dem Grundgesetz in der derzeitigen Ausgestaltung vor allem mangels tragfähiger Erkenntnisse zur Eignung und Erforderlichkeit einer Sanktion in dieser gravierenden Höhe nicht vereinbar. Zwar ist es verfassungsrechtlich nicht ausgeschlossen, erneut zu sanktionieren, wenn sich eine Pflichtverletzung wiederholt und die Mitwirkungspflicht tatsächlich nur so durchgesetzt werden kann. Doch wird die Regelung des § 31a Abs. 1 Satz 2 SGB II den angesichts der außerordentlichen Härte dieser Belastung strengen

Maßgaben der Verhältnismäßigkeit nicht gerecht, weil sie jedenfalls unzumutbar ist. ..."

Dazu mein Kommentar:

Hinsichtlich der 60% wird der fehlende Beweis für die Wirksamkeit zwar als Haupt(!)grund für die Verfassungswidrigkeit genannt. Aber erstens nicht als einziger Grund. Und zweitens ist es so: die Bundesregierung hatte im Januar 2015 während der Verhandlung hinreichend Gelegenheit, dem Gericht entsprechende Nachweise vorzulegen. Das hat sie nicht getan. Der Grund ist simpel: sie HATTE KEINE.
Und für die Zukunft werden keine "Beweise" vorgelegt werden können, da bis zur Vorlage derer 60% Sanktionen verboten sind.
Einige Pro-HartzIV-Gesellen erkennen das mittlerweile. Und ergehen sich in Bitterkeit und Zynismus hinsichtlich des grausamen BVerfG ...!
Weiters ist hier zu sagen, dass es keine signifikanten Belege geben KANN, selbst wenn das alles nicht so wäre: denn Strafe, insbesondere erhebliche Strafe ist NIE nachhaltig erfolgreich. Das sagt ein Erziehungswissenschaftler. Also ich. Und ich sage es, weil es schon viele Jahrzehnte belegter state of the art ist in der Pädagogik. Etwas, wovon die Politiker*innen und Richter*innen evident leider keinen Schimmer haben.

Beraterische Konsequenzen
(7 Seiten)

Bei diesem Punkt habe ich mich sehr stark an einen aktuellen Text von "TACHELES e.V." / Harald Thomè angelehnt.

Ich empfehle diesen Verein ausdrücklich und werde ihn auch demnächst wieder bespenden.

Website:
 https://tacheles-sozialhilfe.de/startseite/

Sanktion als Ermessensentscheidung, keine Sanktion bei außergewöhnlicher Härte und wenn der Zweck der Integration nicht erreicht wird

Eine 30-Prozent-Sanktion ist als Ermessensentscheidung auszugestalten. Eine Leistungsminderung durch Jobcenter darf nicht erfolgen, wenn dies im konkreten Einzelfall zu einer außergewöhnlichen Härte führen würde.
Das bedeutet, dass eine Sanktion „nicht erfolgen muss, wenn dies im konkreten Einzelfall unter Berücksichtigung aller Umstände zu einer außergewöhnlichen Härte führen würde. Insbesondere kann von einer Minderung abgesehen werden, wenn nach Einschätzung der Behörde die Zwecke des Gesetzes nur erreicht werden können, indem eine Sanktion unterbleibt."
(Entscheidungsformel des BVerfG vom 05. Nov. 2019 – 1 BvL 7/16, Nr. 2 a Satz 2).
Bevor das Jobcenter eine Sanktion verhängt, muss es von Amts wegen prüfen, ob eine außergewöhnliche Härte vorliegt. Der oder die Betroffene muss das nicht eigens

beantragen. In der Regel wird das Jobcenter für diese Prüfung ein persönliches Gespräch führen müssen. Wird darin offensichtlich, dass die Sanktion eine außergewöhnliche Härte bedeutetet darf, darf das Jobcenter keine Sanktion erlassen.

Eine außergewöhnliche Härte könnte vorliegen, wenn:

Bevor das Jobcenter eine Sanktion verhängt, muss es von Amts wegen prüfen, ob eine außergewöhnliche Härte vorliegt. Der oder die Betroffene muss das nicht eigens beantragen. In der Regel wird das Jobcenter für diese Prüfung ein persönliches Gespräch führen müssen. Wird darin offensichtlich, dass die Sanktion eine außergewöhnliche Härte bedeutetet darf, darf das Jobcenter keine Sanktion erlassen.

Eine außergewöhnliche Härte könnte also vorliegen, wenn:

+ die Sanktion den Zielen des SGB II, wie beispielsweise Verringerung der Hilfebedürftig-keit und Integration in Arbeit widerspräche. Das wäre dann der Fall, wenn eine Sanktion ausgesprochen wurde und der Sanktionierte unmittelbar sein Verhalten ändert und bei der Integration mitwirkt. Das Jobcenter darf nach der neuen Rechtslage in diesem Fall für maximal einen Monat sanktionieren (Entscheidungsformel des BVerfG, ebenda, Nr. 2 c). Stehen durch diese Leistungskürzung keine ausreichenden Ressourcen für Arbeitsaufnahme (Fahrtkosten, die vorgestreckt werden müssen, Mehraufwendungen für Verpflegung, Arbeitsmittel etc.) zur Verfügung, stellt die Sanktion ebenfalls eine außergewöhnliche Härte da und ist unzulässig.

+ die Mittel zur Kompensation einer 30-Prozent-Sanktion

nicht zur Verfügung stehen, weil z.B. die Unterkunfts- bzw. Heizkosten nicht in voller Höhe übernommen werden und aus dem Regelsatz beglichen werden müssen. Eine „außergewöhnliche Härte" dürfte aber nur dann vorliegen, wenn keine Kompensationsbeträge wie Erwerbstätigenfreibeträge, Ehrenamtseinkünfte und sonstige anrechnungsfreien Einkünfte vorhanden sind.

Begrenzung der Sanktion auf 30 Prozent des Regelbedarfes

Eine Minderung wegen wiederholter Pflichtverletzungen nach § 31a Abs. 1 Sätze 2 und 3 SGB II darf nicht über 30 Prozent des maßgebenden Regelbedarfs hinausgehen. Das bedeutet, dass Sanktionen in Höhe von 60 oder 100 Prozent sowie die Kürzungen der Unterkunftskosten und der Krankenkassenbeiträge ab dem 05.11.2019 nicht mehr zulässig sind (§ 31a Abs. 1 SGB II i.V.m. Entscheidungsformel Nr. 2. b. Satz 1). Diese Außerkraftsetzung des Sanktionsrahmens oberhalb von 30 Prozent des Regelsatzes gilt zunächst nicht für unter 25-Jährige. Normativ sind hier 100-Prozent-Sanktionen und auch Sanktion der Unterkunftskosten und Krankenkasse weiter möglich.
Eine weitere Pflichtverletzung kann nach der jetzt geltenden Regel aber zu einer weiteren 30 % Sanktion führen. Die darf aber nicht verhängt werden, während eine dreißig-Prozent-Sanktion läuft. Sie muss dann zeitlich angehängt werden (Entscheidungsformel des BVerfG, Nr. 2 b Satz 1).

+ Die Begrenzung der Sanktionen auf 30 Prozent des Regelbedarfes gilt für alle laufenden Fälle, in denen der Bescheid nicht bestandskräftig ist.

Ein Bescheid ist dann nicht bestandskräftig, wenn die Rechtsmittelfrist nicht abgelaufen ist, die mit Widerspruch oder später Klage, Berufung, Nichtzulassungsbeschwerde … angefochten wurden (oder noch werden). Sie sind von Amtswegen aufzuheben, soweit sie gegen das Urteil vom 5.11.2019 verstoßen (Rz. 221).

Hier der dringende Hinweis: in diesen Fällen (nicht bestandskräftiger Sanktionsbescheid) sollte unverzüglich Widerspruch eingelegt werden, es reicht ein Widerspruch (zunächst) ohne Begründung, denn dann wirkt die Begrenzung der Sanktionen auf 30 Prozent auch auf die Zeiten vor dem 5. Nov. 2019 zurück. Das dürfte aber nur Menschen betroffen, die ab Okt. oder Nov. 2019 sanktioniert werden.

+ Auch bei Sanktionen wegen Pflichtverletzungen und Meldeversäumnissen gilt die Begrenzung auf 30 Prozent. Neben einer 30-Prozent-Sanktion ist es nicht zulässig, eine Sanktion wegen eines Meldeversäumnisses parallel zu verhängen. Das Existenzminimum darf in Folge der BVerfG-Entscheidung nicht um mehr als 30 Prozent unterschritten werden (§ 32 Abs. 2 SGB II i.V.m. § 31a Abs. 3 SGB II i.V.m. Entscheidungsformel des BVerfG, Nr. 2 b. Satz 1).

+ Keine Leistungskürzung von mehr als 30 Prozent, wenn eine Sanktion wegen Pflichtverletzung und eine Aufrechnung zusammenfallen.
Erfolgt neben einer Sanktion nach § 31a Abs. 1 SGB II in Höhe von 30 Prozent des Regelbedarfs eine Aufrechnung wegen Darlehen nach § 42a SGB II oder wegen Erstattungs- und Ersatzansprüchen nach § 43 SGB II, ist eine parallele Aufrechnung unzulässig, wenn insgesamt mehr als 30 Prozent des Auszahlungsanspruchs des

Regelbedarfs gekürzt werden. (§ 43 Abs. 3 SGB II).

+ Sanktionen gegen unter 25-Jährige
Das BVerfG hatte lediglich über die Pflichtverletzungen von über 25-Jährigen entschieden, weil dieser Sachverhalt in der Klage anhängig war. Die Frage der Verfassungskonformität von Sanktionen und der Gewährleistungspflicht eines menschenwürdigen Existenzminimums kann unserer Auffassung nicht vom Alter der/des Sanktionierten abhängen. Daher ist davon auszugehen, dass das BVerfG-Urteil vollumfänglich auch auf unter 25-Jährige anzuwenden ist. Sollten Jobcenter anders entscheiden, empfehlen wir, im Rahmen des einstweiligen Rechtsschutzes einen Eilantrag beim zuständigen Sozialgericht zu stellen.

+ Noch laufende Sanktionen mit bestandskräftigem Bescheid
Nicht geklärt hat das BVerfG die Frage, was mit aktuell laufenden Sanktionen ist, die oberhalb von 30 Prozent liegen, bei denen der Bescheid jedoch bestandskräftig geworden ist. Hier ist zumindest ab Urteilsdatum der Bescheid aufzuheben, weil eine wesentliche Änderung Zugunsten des Leistungsberechtigten eingetreten ist (§ 48 Abs. 1 Satz 2 Nr. 1 SGB X i.V.m. Entscheidungsformel des BVerfG, ebenda, Nr. 2 b. Satz 1).

Für die Vergangenheit müsste wegen der Bestandskraft des Bescheides ein Überprüfungsantrag eingelegt werden. Hierzu hat das BVerfG im Urteil vom 5. Nov.2019 unter Randziffer 220 erklärt, dass es für bestandskräftige Verwaltungsakte bei der Regelung des § 40 Abs. 3 SGB II als Sonderregelung zu § 44 Abs. 1 Satz 1 SGB X bleibt. Nach dieser Rechtvorschrift sind Überprüfungsanträge nach

der BVerfG-Entscheidung für Zeiträume vor der
Entscheidung nicht möglich.
Aufrufe, nach dem Urteil Überprüfungsanträge zu stellen
und damit einen rückwirkenden Zahlungsanspruch
auszulösen, wie sie auf nicht optimal informierten webseits
zu finden sind, sind fachlich falsch.

+ Zur Korrektur eines gegenwärtigen Sanktionsbescheides
auf 30 Prozent muss kein Widerspruch eingelegt werden
Im Internet wird auf verschieden Webseiten dazu
aufgerufen, dass es dringend erforderlich sei, gegen
laufende, noch nicht bestandskräftige Sanktionsbescheide
oberhalb von 30 Prozent Widerspruch einzulegen, denn nur
so könnten leistungsrechtliche Ansprüche für die Zukunft
gesichert werden. Dieser Auffassung ist nicht zu folgen.
Einer formlos schriftlichen Nachfrage, die belegbar
zugestellt wurde, steht aber natürlich nichts im Wege.

Die Reduktion einer gegenwärtigen derzeit andauernden
Sanktion muss allerdings Kraft der Entscheidungsformel des
BVerfG erfolgen. Dafür ist kein Widerspruch erforderlich.
Die Rechtslage die sich aus den Entscheidungsformeln des
BVerfG ergibt, sind für alle Jobcenter bindend und ab dem
5. Nov. 2019 anzuwendendes Recht. Rechtlich ist somit
zum 5. Nov. 2019 eine wesentliche Änderung zugunsten der
sanktionierten Leistungsberechtigten eingetreten, die von
Amtswegen umzusetzen ist (§ 40 Abs. 2 Nr. 3 SGB II iVm §
330 Abs. 3 S. 1 SGB III iVm § 48 Abs. 1 S. 2 Nr. 1 SGB X).

Wir empfehlen hier: den Jobcenter ab dem 5. Nov. rund
zwei Wochen Zeit zu lassen und dann nochmal mit einer
Frist von 3, 4 Tage zu mahnen und dann aber auch in den
einstweiligen Rechtsschutz beim Sozialgericht zu gehen,
das Sozialgericht kann dann nach § 86b Abs. 2 Satz 1 SGG

eine einstweilige Anordnung treffen „wenn die
Verwirklichung eines Rechts des Antragstellers vereitelt
oder wesentlich erschwert werden könnte".

+ Keine starre Dauer von drei Monaten bei Sanktionen

Wird die Mitwirkungspflicht erfüllt oder erklären sich
Leistungsberechtigte nachträglich ernsthaft und nachhaltig
bereit, ihren Pflichten nachzukommen, kann die zuständige
Behörde unter Berücksichtigung aller Umstände des
Einzelfalls ab diesem Zeitpunkt die Leistung wieder in
vollem Umfang erbringen. Die Minderung darf ab diesem
Zeitpunkt nicht länger als einen Monat andauern
(Entscheidungsformel des BVerfG, Nr. 2 c).
Auch dieser Punkt ist zu beachten, hier handelt es sich
faktisch um eine Korrekturpflicht bei Nachholung der
Mitwirkung oder bei Abgabe einer Erklärung in Zukunft dem
„Nachranggrundsatz des SGB II" bzw. den zumutbaren
Arbeitspflichten im SGB II nachzukommen.

<u>Nach</u>: *Tacheles, Wuppertal 10.11.2019*

....
....

Analyse der Sanktionen
- oder -
Die Vernichtung des Hartz IV anhand von Fakten
und Erkenntnissen unterschiedlicher
Wissenschaften.

… so lautet der Titel des folgenden Kapitels.
Es handelt sich hierbei um eine nahezu vollständige
Wiedergabe eines Sonderdruckes, der auch bei zwei
Gelegenheiten vor dem Bundesverfassungsgericht
(BVerfG) verteilt wurde.

Der SONDERDRUCK ist seinerseits ein Auszug aus
einem gleichnamigen Buch von mir, das auch
weiterhin bei BOD erhältlich ist (Stand 11/2019).

Lassen Sie sich also durch Titelblatt und das Vorwort
nicht verwirren …!
Wichtig bleibt der Inhalt, der die Unlogik und
Unmenschlichkeit von Hartz IV aus Sicht
verschiedener Wissenschaften systematisch
nachweist.

MfG
Burkhard Tomm-Bub, M. A.

HARTZ IV -

die

ETHISCHE KATASTROPHE!

FAKTEN

ARGUMENTE

INFORMATIONEN

BLOGBERICHTE

GEGEN

DAS UNRECHT!

Von:

Burkhard Tomm-Bub, M.A.
EX-Fallmanager im jobcenter

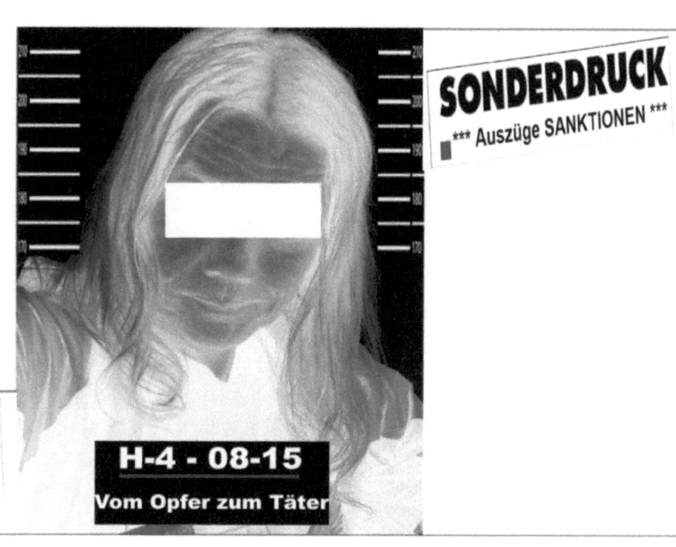

Guten Tag.

Ich bin EX-Fallmanager (Integrationsfachkraft) im jobcenter (SGB II) und habe zuvor auch einige Jahre in einem Sozialamt (BSHG) als Sozialfachkraft gearbeitet.
In jungen Jahre war ich allerdings auch selbst schon arbeitslos und habe seinerzeit eine Arbeitslosen - Initiative mitbegründet.
Seit Jahren bin ich nun scharfer Hartz IV - Kritiker.
Ich habe Bücher zum Thema herausgegeben und biete meine kostenfreie Beteiligung an Informationsveranstaltungen, Vorträgen, Podiumsdiskussionen, Kundgebungen usw. an.
Sollten Sie in konstruktiver Weise auf eine dieser Ressourcen zurückgreifen wollen oder Auskünfte von mir wünschen: melden Sie sich gern bei mir!

Dieses Buch wurde 2018 zusammen gestellt und wird möglichst preiswert abgegeben. Eventuelle Gewinne werden an Erwerbslosen-Initiativen gespendet.

Es vereinigt einige der beliebtesten Blogbeiträge von mir, welche auch die höchsten Zugriffszahlen erzielten.
Inhaltliche Doppelungen sind daher teilweise nicht auszuschließen.
Es sind Beiträge aus den Jahren 2018, 2017, 2016 und 2014 vertreten.
Hinsichtlich neuerer Entwicklungen / Änderungen recherchieren Sie bitte unbedingt auch eigenständig.

Mit freundlichen und solidarischen Grüßen
Burkhard Tomm-Bub, M. A.
2018

Ma(h)lt sich in diesem Kopf die Welt

Malt sie sich, mahlt er sie in sich...? =Der Blog für alles Andere. Auch für aktuelle "Hartz IV - Termine / Themen". Der ältere "BukTomBlog" war für Second Life - Themen gedacht, einer Welt in der virtual reality (VR), bzw. für die Darstellung deutschsprachiger kultureller /wohltätiger Aspekte dort. Alle anderen Themen sind nun hier. Alles, was sich ansonsten malt & mahlt.

Mittwoch, 11. April 2018

Die Wissenschaft hat festgestellt ... dass Coca-Cola Schnaps enthält! Hartz IV HURRA

#HartzIV #Sanktionen

Die Wissenschaft hat festgestellt ...
... dass Coca-Cola Schnaps enthält!

Ebenso "sinnvoll" und "wahr" wie dieser Kinderreim ist die Behauptung, die Sanktionen im Hartz IV (ALG II / Grundlage SGB II) hätten auch nur irgendeine positive Berechtigung oder Legitimation.

(Diese Kürzungen werden seit Anfang 2005 in Höhe von 10, 30, 60 und 100% auf das ExistenzMINIMUM durchgeführt.)

Welche Wissenschaften und Professionen lassen sich hier im Einzelnen aufführen?

PÄDAGOGIK

Die hier behandelten Geldstrafen in Form von Sanktionen lassen sich klar der "Schwarzen Pädagogik" zurechnen. Diese wird zudem gegenüber mündigen, erwachsenen Menschen ausgeübt. Kinder sind allerdings dennoch mitbetroffen und mitgeschädigt, wenn sie in den entsprechenden Familien ("Bedarfsgemeinschaften" genannt) leben.

Seit dem Jahr 2000 lautet der § 1631, BGB, Absatz 2 wie folgt:
„(2) Kinder haben ein Recht auf gewaltfreie Erziehung. Körperliche Bestrafungen, seelische Verletzungen und andere entwürdigende Maßnahmen sind unzulässig."
Für Erwachsene gilt dies anscheinend nicht.
"Schwarze Pädagogik" ist als Konzept und Methode überholt. Fest steht:

STRAFE:
- sagt NUR, was NICHT getan werden sollte
- gibt keinerlei Informationen, wie das Gewünschte besser getan werden könnte
- stört und zerstört das Vertrauensverhältnis
- gibt dem Gestraften das Gefühl der Ohnmacht
- ... und mindert sein Selbstbewusstsein
- wirkt NUR, solange der Strafende "hinguckt"
- erzeugt ein Rachebedürfnis
- führt bestenfalls zum erzwungenen, unmotivierten Gehorsam
- verhindert Einsicht und Eigenmotivation
- etc.

Richtig ist: Strafe gibt es in der Gesellschaft. Für Kriminelle. Da ist dann aber auch noch der Faktor "Schutz der Gesellschaft" mit enthalten. Zu argumentieren, der "nicht mitwirkende" ALG II - Empfänger handle gegenüber der Gesellschaft kriminell - ist absolut unsinnig.

P.S.:
Übrigens - ein Fakt am Rande.
Es liegen jetzt Untersuchung vor, dass die Gruppe der erwerbslosen Menschen im Durchschnitt eine zumindest leicht überdurchschnittliche Arbeitsmotivation hat, gegenüber den anderen Bevölkerungsgruppen ...!

PSYCHOLOGIE

Es ist leicht einsichtig, dass die Behandlung als Kind, als "zu erziehendes Objekt", als Täter und / oder Versager negative psychische Effekte bei den Bürgerinnen und Bürgern hervor bringt. Eine Minderung des Selbstwertgefühls, der Eigenmotivation, des Selbstvertrauens, etc. sind übliche Folgen. Zorn, Wut und Hass können im Laufe der Zeit entstehen und die Persönlichkeit prägen. Psychischer Erkrankungen werden hervor gerufen oder verstärkt, darunter Suchtkrankheiten, Depressionen, Suizidalität.

MEDIZIN

Psychische Erkrankungen kosten Geld. Das der Krankenkassen, mithin aller Beitragszahler*innen. Ebenso ist es auch bei körperlichen Erkrankungen, die oft hiermit verzahnt sind. Eine nicht gesunde Ernährung und ggf. auch mangelnde Hygiene verstärken diesen Effekt. Der Regelsatz ist ohnehin niedrig, wird er nochmals reduziert oder gar ganz gestrichen, ergeben sich entsprechende negative Folgen im Gesundheitsbereich also quasi zwingend.

ÖKONOMIE / VOLKSWIRTSCHAFT

Sanktionen sparen Geld? Mag sein. Volkswirtschaftlich gesehen jedoch wenn überhaupt, dann deutlich weniger, als man denken könnte.

Sanktionsgründe müssen festgestellt, dokumentiert und die Sanktion durch die Integrationsfachkraft ausgesprochen werden. Eine Anhörung ist durch den richtenden Sachbearbeiter vorzunehmen. Der Leistungssachbearbeiter muß die Sanktion ein- und später wieder ausbuchen.

Selbst bei der heutigen, scharfen Gesetzgebung haben noch ca. 40% der Widersprüche und Klagen vor dem Sozialgericht Erfolg, da die Sanktion zu Unrecht erfolgte!

Hier entsteht also Maschinenlaufzeit (EDV, etc.), Portokosten, Materialverbrauch. Gravierender: Arbeitszeit von Integrationsfachkräften, Leistungssachbearbeitern, Mitarbeitenden der Widerspruchsstelle, Justitzbeamten und Richtern muss in hohem Maße investiert werden.

Die finanziellen Einbußen der Gesellschaft durch sich verschlechternde Gesundheit wurde bereits erwähnt. Hinzu kommt noch ein Anwachsen von Verzweiflungstaten und Kleinkriminalität, aus der Not geboren.

Oft vergessen und von manchen zu Unrecht nicht ernst genommen ist folgende Tatsache: auch ALG II - Leistungsberechtigte zahlen Steuern. Nämlich die Mehrwertsteuer. Anders als finanziell besser gestellte Personengruppen, MUSS der "Hartzler" sein Geld sofort ausgeben, kann es anhand der geringen Höhe nicht sparen, anlegen oder im Ausland in "Steueroasen" deponieren. Auf Waren und Dienstleistungen wird stets Mehrwertsteuer erhoben. Geld das also augenblicklich zurückfließt in diverse staatliche Kassen. Bei Kürzungen oder Streichungen des ALG II entsprechend weniger, bis hin zu "Null".

Sanktionen verringern demzufolge auch die Binnen-Nachfrage.

Die ALG II - Sanktionen produzieren auch Obdachlose. Diese gelten in Einkaufsstrassen, u.ä. als nicht kaufmotivierend. Zudem haben diese ein Anrecht auf ein geringes, tägliches "Durchwanderergeld", wenn sie es schaffen persönlich vorzusprechen. Speziell im Winter, sind sie des Nachts zu beherbergen, oder in Notunterkünfte einzuweisen. Auch dies sind Kostenfaktoren.

Untersuchungen zeigen, dass Sanktionen selten, und wenn dann nur sehr kurzfristige Wirkungen in Richtung "Arbeitsaufnahme" zeitigen. Häufig sind das dann auch Stellen, die gesundheitsschädlich und so schlecht bezahlt sind, dass der Betreffende es auch damit nicht schafft, zeitweise "ganz heraus zu kommen" aus dem ALG II (Aufstocker).

LOGIK

Ziel und Aufgabe der Arbeitsagenturen und jobcenter ist die Besetzung freier Stellen mit möglichst passenden Arbeitnehmer*innen. Dies soll möglichst nachhaltig geschehen. Es steht außer Zweifel, das aus eigenem Antrieb motivierte Menschen wesentlich besser, zuverlässiger und nachhaltiger diesen

Zweck erfüllen können und auch wirklich erfüllen.
Bei Menschen die körperlich, geistig und seelisch in der Lage dazu
sind, können aktuelle fachspezifische Qualifikationsmaßnahmen
zum Erfolg beitragen.
Diese müssen aber passgenau sein und die Betreffenden sollten
auch hierbei von sich aus motiviert sein teilzunehmen.
Zwang und Sanktionen stellen exakt das Gegenteil dessen dar.
Sehr wichtig in diesem Zusammenhang: das Verhältnis Offene
Stellen : verfügbare Erwerbslose.
Denn dieses schwankt seit etlichen Jahren zwischen 1 : 5 bis
maximal 1 : 3!
Dies sind übrigens die offiziellen, bereits "schöngerechneten" Zahlen
der BA selbst.
Gibt es Offene Stellen die nicht gemeldet wurden: Ja. Aber es gibt
auch solche, die mehrfach gemeldet werden, gern z.b. von
Zeitarbeitsfirmen. Und: es gibt auch verfügbare Erwerbslose, die aus
Unkenntnis, Unvermögen oder Scham kein ALG II beantragt haben.
Und dennoch Arbeit suchen.
Sehr negative Schätzungen hinsichtlich des Anteils "ernsthaft
unwilliger und fauler" Erwerbsloser liegen bei ca. 15% der ALG II -
Berechtigten. Es ist festzustellen, dass selbst dieser Prozentsatz
nicht ausreicht. Wünschenswert wäre ein viel höherer!
Wenn für jede Offene Stelle vier verfügbare Erwerbslose bereit
stehen: ist es ein zwingendes Gebot der Logik, sich auf eben DIE zu
konzentrieren, die offenkundig motiviert sind, diese zu bestärken und
ggf. ergänzend zu qualifizieren.
NICHT logisch ist es aber, sich den möglicherweise oder offenkundig
nicht motivierten Personen mit Strafen und Sanktionen zu nähern!
Es gibt schlicht nicht mehr genug gesellschaftlich als solche
definierte „Arbeit" für JedeN.
Das muß akzeptiert und im praktischen Handeln berücksichtigt
werden.

VERWALTUNGSWISSENSCHAFT

Verwaltung soll das jeweils vorgegebene Ziel möglichst effektiv,
effizient und korrekt erfüllen.
Wie vor dem Gesetz, sind auch vor der Verwaltung alle Menschen
gleich an Rechten und Pflichten.
Entscheidungen haben sich auf Gesetze und
Verwaltungsanordnungen zu stützen, auf nichts sonst.
Nur. Ist das so? KÖNNEN Sie das in diesen Fällen überhaupt?
Jemand ist durch Sanktionen zu strafen, wenn er "nicht mitwirken
WILL".
Aber:
Wie prüft man "Willen"? Gar nicht. Das ist nicht annähernd
zuverlässig möglich. Sagen muss jeder, dass er mitwirken will: die
Ehrlichkeit dessen ist aber nicht beweisbar. Wie denn auch. Wirklich
bestraft werden nur die etwas "Dummen", oder die in akuten Krisen.
Die machen dann schon mal Fehler, die einen aus Unvermögen, die
anderen letztlich ebenso unverschuldet.
Clevere Betrüger gibt es. Obwohl maximal 416,- Euro minus

Stromkosten ja eigentlich nicht WIRKLICH einen großen Aufwand lohnen ...

Diese Menschen gibt es in JEDEM Sozialsystem. Dafür brauchten wir kein neues, welches in der Tat ALLE drangsaliert, gängelt und unwürdig behandelt.

Ein Cleverer wird nie zu spät zu einer Vorstellung kommen. Aber ganz knapp in der Zeit. Er wird eher desinteressiert schauen. Seine erste eigene Frage wird nach dem Gehalt sein. Seine Kleidung wird nicht zerlumpt sein - aber auch nicht wirklich weit davon entfernt. Vorstellungsgespräch wahrgenommen. Stelle nicht bekommen. Keine Sanktion. ... Ich denke, es ist klar, was gemeint ist.

Noch einmal: das können wir mit dem SGB II / den Sanktionen nicht verhindern. Das konnten wir vorher mit dem BSHG nicht verhindern. Könnte man das überhaupt? Vielleicht. Aber der Preis wäre VIEL zu hoch. Arbeitslager und Co. lassen grüßen. "Heil Irgendwer!!". Wir kennen das...

Möchte das jemand?

"Wollen" und "Können" eines anderen Menschen - das ist für einen wirklichen und gut qualifizierten Fallmanager wie mich halbwegs (!) sicher zu unterscheiden. Nach etlicher Zeit und so einigen Gesprächen. Versprochen waren uns 2004 "ca. 75 zu beratende Menschen". So war es auch konzipiert und strukturiert. Aufgehört habe ich mit 436 "Kunden".

Gut, manche Kolleg*innen haben ja auch nur 300 "Kunden" oder ähnlich. Aber: qualifizierte jobcenter - Mitarbeiter*innen gibt es immer weniger. Berufsanfänger, solche mit Zeitverträgen, Quereinsteiger, halbtags beschäftigte mit vager Aussicht auf Vollzeit, u.ä. Und es zählt vor Ort: die Statistik! Nichts sonst. Gar nichts! Und noch ein Satz: "Nicht-Wollen - schließt Nicht-Können nicht aus!" Nur auf letzteres kommt es aber an. BA und jc sind KEINE "moralischen Anstalten", Gesinnungen und Meinungen können und dürfen nicht mit empfindlichen Geldstrafen belegt werden. Heißt: wenn ich für jemanden der vor mir steht kein Angebot habe, das er auch ausführen kann: ist es völlig egal, ob er mir ins Gesicht sagt, er WOLLE dieses und jenes ja auch gar nicht. Ich hoffe, das war jetzt nicht zu kompliziert. Es hat, wie gesagt, mit Regeln, Recht und Gesetz zu tun!

ETHIK / MORAL

Der ALG II-Regelsatz ist sehr knapp bemessen. Dass er zum Nachteil der Menschen nicht korrekt berechnet wurde, konstatieren nicht wenige Fachorganisationen.

Dieser Regelsatz wurde gesetzlich als "ExistenzMINIMUM" definiert. Es widerspricht jeglicher Ethik und Moral, dieses Minimum durch einfache Sachbearbeiter*innen um 10 - 100% kürzen zu lassen. Dies möglich zu machen, zu dulden und anzuordnen, ist ein vorsätzlich unethisches und unmoralisches Verhalten. Nichts sonst.

Am 01.01.2005 gab es keine graduelle Variation / Verschärfung der Gesetzgebung in Hinsicht auf ALG / ALHI / SH. Das SGB II war ein kompletter Paradigmenwechsel. Der Sozialstaat wurde in dem Punkt de facto abgeschafft. Es werden hier sehr tiefe Ebenen berührt. Das

Menschenbild.
Ist es ethisch vertretbar, Menschen in elementarer Not Hilfe zu
verweigern, wenn sie einem nicht willfährig sind?
Ist es in Ordnung und moralisch zulässig, an einem MINIMUM
gravierende Abstriche zu machen, bei nicht bewiesenem und nicht
strikt belegtem Wohlverhalten?
Akteur ist hier der Staat. Also der Diener der Bevölkerung. Wie sieht
es da mit seiner Fürsorgepflicht aus? Wie sieht es mit dem Vertrag
zwischen ihm und den Bürger*innen aus? Wird dieser durch solch
ein Handeln nicht unterminiert, beschädigt, geschändet?

RECHTSWISSENSCHAFT / JURISPRUDENZ
+ Die Verfassungsmäßigkeit der Hartz IV - Sanktionen wird seit
Jahren von Betroffenen und Fachorganisationen angezweifelt. Eine
Verfassungsklage ist jedoch wesentlich schwieriger und vor allem
langwieriger, als man sich vorstellt. Es gibt mittlerweile einen zweiten
ernsthaften Versuch, soweit vorzudringen. Eine Entscheidung wird
etwa um 2018 / 2019 herum erhofft.
+ jobcenter stellen in D in gewisser Weise eine "Sonderrechts-Zone"
dar. Etwas, das es eigentlich nicht geben dürfte. Der einfache
Sachbearbeiter ist Ankläger, Richter und Vollstrecker in einem.
Geldstrafen aber darf eigentlich nur ein Gericht aussprechen. Zudem
sind diese Geldstrafen hier nicht selten existenzgefährdend.
+ Selbst bei der heutigen, scharfen Gesetzgebung, haben noch ca.
40% der Widersprüche und Klagen vor dem Sozialgericht Erfolg!
Falls es nicht klar ist, was das wirklich heißt: in fast der Hälfte der
Fälle wurden Fehler gemacht, wurden "Kunden" Leistungen
vorenthalten, Recht falsch angewandt, Sanktionen zu Unrecht
verhängt!
Falls Sie in Arbeit sind: könnten SIE sich dort eine Fehlerquote von
40% erlauben?
Und hier geht es um die Schicksale von Menschen! Um ihr
Überleben zum Teil.

+ Ist dies alles Recht? Entspricht dies alles dem Geist des
Grundgesetzes, dem Geist der Sozial-Gesetzgebung? Nein. Das tut
es nicht!

GERECHTIGKEIT(SEMPFINDEN)
Recht und Gerechtigkeit / Gerechtigkeitsempfinden sind nicht immer
dasselbe.
Allzu oft hört man auch von sonst intelligenten und sozial
eingestellten Menschen Sätze wie:
"Da muss man halt auch mal einen Job annehmen, der einem nicht
so gefällt!"
"Ich muß doch schließlich auch jeden Tag etwas leisten ...!" (= Gern
von Selbstständigen!)
Oder: "Wenn ich einen besser bezahlten Job will, muss ich halt
etwas dafür tun!"

Zu einigen Aspekten dieser Fragestellungen muss hier nichts mehr
wiederholt werden. Es ergibt sich klar aus den Schilderungen weiter
oben!
Zum letzten der drei Zitate eben, antwortete ich kürzlich jemandem
folgendes:
Zitat:
"Wenn ich einen besser bezahlten Job will, muss ich halt etwas dafür
tun."
Ah ja. Das sagen Sie mal einem, der gesundheitlich nur noch drei
Stunden täglich leichte Arbeit verrichten kann und darf. Das sagen
Sie mal der jungen Witwe oder verlassenen Frau mit zwei Kindern.
Das sagen Sie bitte auch Menschen über 55 Jahren, deren Firma
sich ins Ausland verlegt hat, oder Pleite ging. Das sagen sie
motivierten Flüchtlingen, die dann nach einiger Zeit arbeiten dürfen
und müssen, deren Abschlüsse im Ausland aber nicht anerkannt
werden, oder denen diese Unterlagen verloren gingen, auf der
Flucht. Und bei denen auch noch Sprachprobleme nicht völlig
kompensiert sind. Sagen Sie es Menschen in schweren sozialen
Krisen, vom schlagenden Ehemann terrorisierten Frauen, den nahen
Angehörigen von Schwerstalkoholikern, sagen Sie es pflegenden
Angehörigen langsam sterbender Verwandter. Und einigen anderen.
Gehen Sie hin, hin zu diesen, Ihren Mitmenschen. Sagen Sie es,
brüllen Sie es Ihnen ins Gesicht: "Ihr müßt halt was dafür tun!!"
Und - möglichst NOCH lauter: "JEDER IST DOCH SEINES
GLÜCKES SCHMIED!!!"

  ...

Ist diese Art von Gerechtigkeit ein wünschenswerter Zustand für
unser glorreiches Land? Für einen Sozialstaat? Für ein reiches
Land?
Ich sage absolut: NEIN!
Und bin damit fernab der Betrachtung des Menschen als "Ersatzteil"
für die Industrie, fernab der puren Spekulationen hochgestellter
Theoretiker am "grünen Tisch", fernab eines abstrakten
Gerechtigkeitsbegriffes, der sich in der Praxis in sein pures
Gegenteil verkehrt!

STAATS-RÄSON
"Der Begriff der Staatsräson ... bedeutet das Streben nach
Sicherheit und Selbstbehauptung des Staates mit beliebigen Mitteln.
... Die Idee der Staatsräson ... sieht den Staat als mindestens
ebenbürtig zu, wenn nicht höherwertig gegenüber einem Menschen
an, so dass es nach dieser Philosophie im Falle von Konflikten zu
Entscheidungen kommen kann, die den abstrakten Staat
bevorteilen, konkrete Menschen aber benachteiligen." (wiki)
Gemeint ist hier schlicht folgendes: war der Staat eventuell
GEZWUNGEN, die Sozialgesetzgebung Anfang 2005 in derart
gravierender Form zu beschneiden? War seine (materielle) Existenz
in großer Gefahr, war es vielleicht ökonomisch unausweichlich?
Wie man aus allen Quellen entnehmen kann, ist die wirtschaftliche
Lage heute keineswegs schlecht.

Aber auch 2004 war sie das nicht wirklich. WENN man alle
Gegebenheiten berücksichtigt.
Einige Beispiele:
+ D stand und steht hinsichtlich aller materiellen und wirtschaftlichen
Parameter hoch in den Top Ten, von über 200 Staaten auf der Welt
(Platz 5 - 6).
+ D leistet sich in vielen, unterschiedlichen Bereichen enormen
Luxus (Gebäudeprojekte, Manager, Steuerflüchtlinge, Rüstung, etc.).
+ Steuern für Reiche und Superreiche werden seit etlichen Jahren
immer wieder abgesenkt.
+ Der Spitzensteuersatz sank in den Jahren seit Helmut Kohl ebenso
immer weiter ab.
Speziell in den jobcentern:
+ ... werden Unsummen in groteske, praxisferne EDV - und
Controlling - Systeme investiert und hiermit schier aberwitzige
Dokumentationspflichten für die Mitarbeiter*innen verknüpft.
+ Wird willfährig den Ansprüchen der Maßnahmeträger - Lobby
nachgegeben.
+ Werden auch reine „Mitnahme - Prämien" bei Einstellungen für
Firmen als geeignetes Instrument der „Hilfe" angesehen und
„verordnet".
Die Liste ist - leider - fortführbar ...

....
....

Hartz IV muß weg.
Nieder mit den Sanktionen!

Burkhard Tomm-Bub, M.A.

- Magister Artium der Erziehungswissenschaft
(NF:Psychologie/Soziologie) -
- Diplom-Sozialarbeiter (FH) -
- Staatlich anerkannter Erzieher -
- Ehrenamtlicher Suchtkrankenhelfer -
- Ehrenamtlicher Flüchtlingshelfer -
- Hartz IV-Aktivist -

ANHANG

*Exkurs zu
"Sanktionsgründe":*

Es sind Akademiker
unter den ALG II -
Leistungsberechtigten, ehemals erfolgreiche Selbstständige,
Menschen mit Meisterbrief, Menschen mit Jahrzehnten
Berufserfahrung, Menschen, die unverschuldet nie eine objektive
Chance hatten, viele soziale, engagierte Menschen mit hohem
Anstand und / oder hoher Kreativität. Schicksalsschläge, Firma
pleite, Firma ins Ausland verlegt. Zu alt, zu krank. Abgeschrieben,
weggeworfen ...
Bei keineswegs wenigen Fällen liegt es aber leider auch völlig auf
der Hand, dass diese Menschen nie mehr eine echte Chance auf
dem "richtigen Arbeitsmarkt" haben werden. Sei es wegen Alter,
Krankheit, fehlender Intelligenz, Ausbildung und Berufserfahrung, oft
auch einer Kombination aus mehreren dieser Faktoren. Auch andere
Vermittlungshemmnisse können hinein spielen. Ein älterer Herr,
noch gar nicht so lange in D, motiviert aber mit noch geringen
Sprachkenntnissen. Bis er soweit ist, B1, B2 oder besser spricht: ist
er endgültig zu alt. Da nutzt auch die noch nicht anerkannte
Qualifikation aus dem Herkunftsland nichts mehr.
"3 Stunden leichte Arbeit täglich theoretisch möglich" - ansonsten
gibt es KEINE Zugangskriterien für "Hartz IV" ...

SANKTIONSGRÜNDE
Einige Beispiele:
+ Nichterscheinen zum Gesprächs - Termin.
Diese Termine dienen in aller Regel nur dem Nachweis der
"Kontaktdichte" für den Sachbearbeiter. Versendet werden die
Einladungen mit normaler (!) Post. Manchmal werde bei solchen
Terminen auch (meist sinnfreie) Maßnahmen angeordnet.
+ Nichtantreten oder schuldhafter Abbruch einer Maßnahme. Hierzu
gehören auch PC-Anfängerkurse für EDV-Experten mit Abschluß,

das dritte Bewerbungstraining in Folge, Spaziergangskurse,
individuell völlig unpassende Qualifizierungen, Massnahmen ein
halbes Jahr vor Renteneintritt (Grundsicherung), überfordernde
Kurse, UNTERfordernde Kurse, uvm. Auch wirklich Schwarze
Schafe, mit unzumutbaren Bedingungen gibt es genug (ich spreche
aus Erfahrung!). Eingekauft wird derlei vom praxisfernen
"Einkaufszentrum" der jobcenter, zeitlich ist der Zuweisungsrahmen
oft arg knapp und das einzige Ziel ist es, dass die Menschen in
diesem Zeitraum aus der Arbeitslosenstatistik verschwinden.
+ Nicht- (rechtzeitige) Vorlage von Unterlagen. Bekanntlich muß man
sich ja vollständig "nackig machen", hinsichtlich jedweder Einnahme,
"Vermögen", Zuwendungen, etc. Und das nicht nur einmal am
Anfang, sondern immer wieder. Läuft da etwas schief (ich kann ja
nur vorlegen, was ich auch habe, und es gibt ja auch tatsächlich
Menschen, die einmal etwas verlieren): Sanktion!
+ Vorlage von zu wenigen Bewerbungen (egal wie sinnlos, egal, ob
man sich im Monat vorher schon überall beworben hatte). Für die
wenigen "cleveren Betrüger" leicht zu umgehen (Kopierer), stellt dies
für resigniert - depressive, für verzweifelt - zornige und für etwas
unbedarfte Menschen oft genug ein Problem dar. Die Folge ist
immer gleich: Sanktion!
+ Unerlaubte OAW (Ortsabwesenheit).
Der auf vorherigen Antrag mögliche "Urlaubsanspruch" für ALG II -
Leistungsberechtigte beträgt 21 Kalendertage (gesetzlicher Urlaub
sonst: 24 Tage). Er ist nicht übertragbar ins nächste Jahr.
Sonder"urlaube", z.b. bei Todesfällen von Verwandten sind nicht
vorgesehen. Die Genehmigung ist im Gutdünken des
Sachbearbeiters. Erklärt dieser, er habe in dem Zeitraum mit dem
Betroffenen etwas vor: kann er den Antrag ablehnen. Egal wie
sinnvoll das ist.
Wer da also "überzieht", oder vergißt die drei Tage bei Tante Elfriede
zwei Orte weiter zu beantragen: Sanktion!
... Soweit einige Beispiele für unser "glorreiches", in Wahrheit sinnlos
gängelndes, unwürdiges und auch absolut nicht effektives System.

Die Opfer sind zu Tätern gemacht worden. Das ist falsch, das ist
frech, das ist extrem ungerecht!
Muss man diese Menschen zusätzlich demütigen? Offensichtlich
leider ja. Und das muß ein Ende haben!

Früher, bis Ende 2004, gab es ALG I und ALHI. Das waren in der Tat
Versicherungsleistungen.
Und dann gab es noch die Sozialhilfe.
An Stelle dessen trat mit Beginn 2005 das ALG II (volkstümlich:
Hartz IV), auf Grundlage des neuen SGB II, welches das BSHG (und
das ALHI) ersetzte.
Waren früher individuelle Kürzungen um 25%, maximal 30%
möglich, geht es heute bis zu 100%, und dies mit "standardisierter
Laufdauer".
Theoretisch kann man dann Lebensmittelgutscheine beantragen, in
geringer Höhe.
+ Wenn nicht (")vergessen(") wird, einen darüber aufzuklären.

+ Wenn man körperlich, geistig, seelisch in der Lage ist, das zu verstehen und zu tun.
+ Mit denen man nicht alles und nicht in jedem Geschäft kaufen kann.
+ Die "BG" (Bedarfsgemeinschaft) ist mitbetroffen, die Diskriminierung und Stigmatisierung in der Öffentlichkeit ist unerträglich.
Zu Beginn 2005 wurde der Sozialstaat in diesem Punkt abgeschafft. Es reicht im sechstreichsten Land der Erde (von ca. 200) NICHT mehr, in Not und bedürftig zu sein. Man muss auch Gehorsam zeigen, egal wie "sinnvoll" die jeweiligen Anweisungen sind ...

BTB

....
....

P.S.:

"Ex-Fallmanger im jobcenter gegen Hartz IV - Ein Angebot

Sehr geehrte Damen und Herren,
erfreulicherweise ist zur Zeit Hartz IV (ALG II), respektive das Zweite Sozialgesetzbuch (SGB II) wieder in der öffentlichen Diskussion.
Ich bin Ex-Fallmanager (Integrationsfachkraft) im jobcenter und habe zuvor einige Jahre in einem Sozialamt (B3HG) als Sozialfachkraft gearbeitet.
In jungen Jahre war ich allerdings auch selbst schon arbeitslos und habe seinerzeit eine Arbeitslosen-Initiative mitbegründet.
Seit Jahren bin ich nun scharfer Hartz IV - Kritiker.
Ich habe Bücher zum Thema herausgegeben und biete meine kostenfreie Beteiligung an Informationsveranstaltungen, Vorträgen, Podiumsdiskussionen, Kundgebungen usw. an.
Sollten Sie in konstruktiver Weise auf eine dieser Ressourcen zurückgreifen wollen oder Auskünfte von mir wünschen: melden Sie sich gern bei mir!
Mit freundlichen Grüßen

Burkhard Tomm-Bub, M. A. ...

BEISPIELE:

http://handbuchwiderstandgegenhartzvier.blogspot.de/
http://kopfmahlen.blogspot.de/2016/02/bericht-hartziv-saarbruecken.html
https://www.youtube.com/watch?v=k65H95NOTJE&list=PLICyWqGYXNoCyHmfjj3FnuGxQixqN0dGe&index=15

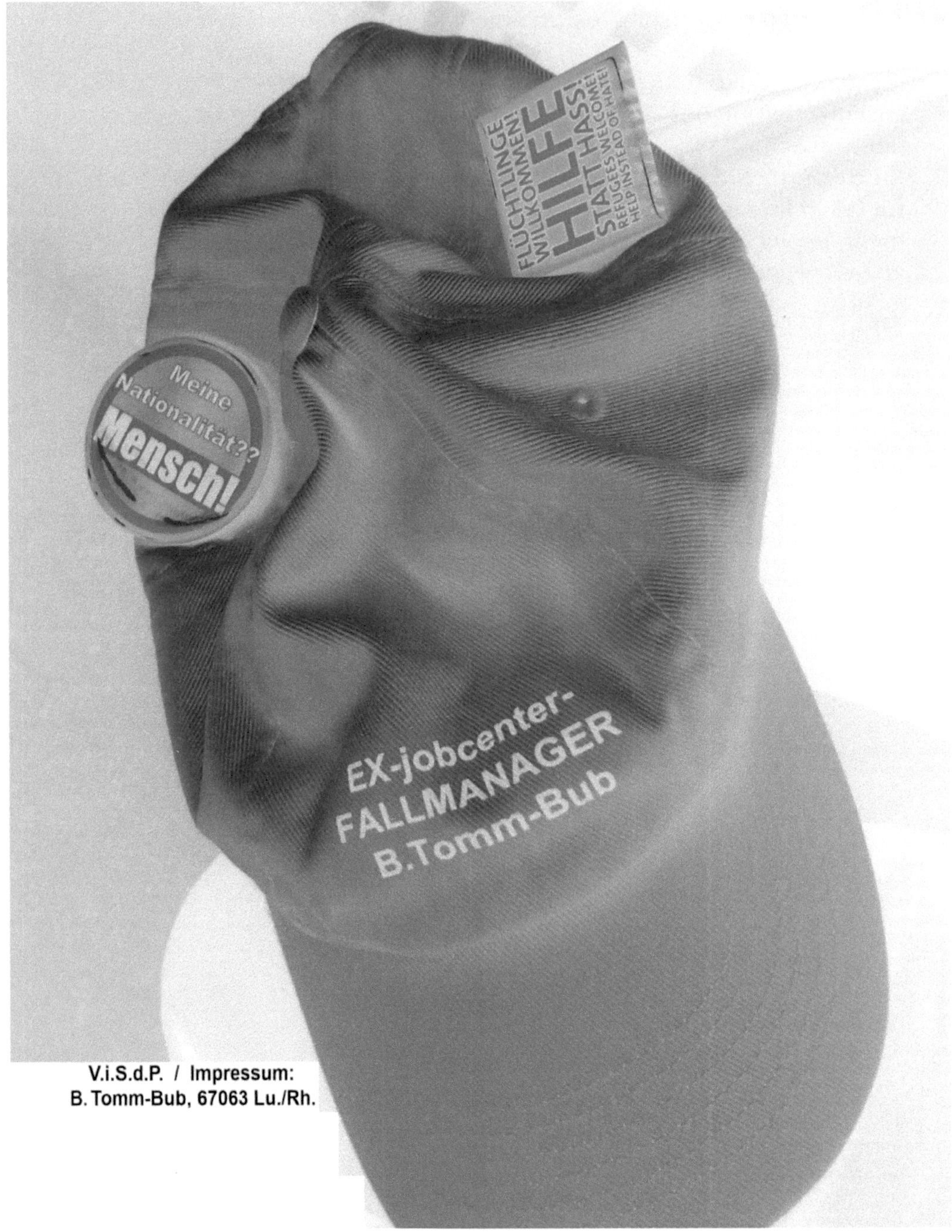

V.i.S.d.P. / Impressum:
B. Tomm-Bub, 67063 Lu./Rh.

Konkreter Widerstand gegen Hartz IV. Taktiken und Strategien.

… so lautet der Titel des folgenden Kapitels. Auch dies ist ein *Auszug* aus einem meiner früheren Bücher.
Sehr konkrete Hinweise und Tipps für die Praxis sind enthalten – auch wenn mittlerweile „nur noch" Unwille und Kürzungen um 30 % als Druckmittel für die jobcenter zur Verfügung stehen, kann man sich dieser in konkreten Situationen sehr gut bedienen!

Lassen Sie sich auch hier bitte nicht von (seltenen) Formulierungen wie „standardisierte Laufdauer der Sanktionen", „60 bis 100% Sanktionen", u.ä. verwirren!
Dies ist seit dem 05.11.2019 abgeschafft.

Es wäre aber sehr zeitaufwendig und arbeitsintensiv gewesen, diese jeweils zu suchen, zu ersetzen und das komplette Kapitel dann neu zu formatieren. Wie gesagt: dies ist alles „Handarbeit" eines einzelnen Menschen …
Und die wichtige Dinge, die Adressen und Tipps bleiben gültig!

Ich bitte nochmals um Verständnis.

BTB

Ex-Fallmanager im jobcenter
BURKHARD TOMM-BUB, M.A
HAND
BUCH
WIDER
STAND
GEGEN
HARTZ 4

Über den Autor

Burkhard Tomm-Bub, M.A. (geb. 1957 in Recklinghausen, NRW) ist Staatlich anerkann-
ter Erzieher, Diplom-Sozialarbeiter (FH) und Magister der Erziehungswissenschaft
(Schwerpunkte Psychologie und Soziologie).
Als zufrieden abstinenter / cleaner Mehrfachabhängiger ist er auch als Ehrenamtlicher
Suchtkrankenhelfer aktiv.

Er arbeitete in der Offenen Kinder- und Jugendarbeit, als Sozialfachkraft in einem
Sozialamt und mehrere Jahre als Fallmanager in einem jobcenter.
Veröffentlichungen finden nur gelegentlich, aber seit etlichen Jahren statt, zum Beispiel
Glossen, Storys, Lyrik (u.a. im Heyne-Verlag) und zu Sachthemen (Suchtbereich,
jobcenter-Krimi).

Interessen sind Interkulturelles, Flüchtlingshilfe, social media, Blogs, websites und die
VR (Virtual Reality) insbesondere die unkommerzielle Verbreitung von Literatur und die
Förderung gemeinnütziger Aktionen in Second Life. Sein Avatarname dort ist BukTom
Bloch.

Tomm-Bub sieht sich nicht im klassischen Sinne als Verfasser dieses Handbuches:
"Ohne die Unterstützung von etlichen Menschen im Netz wäre dieses Buch nicht möglich
gewesen!"

VORWORT

"Handbuch Widerstand-gegen Hartz IV"
HARTZ IV MUSS WEG!

Das System Hartz IV, beziehungsweise Arbeitslosengeld II, ist auf eine traurige und ethisch sehr bedenkliche Weise gescheitert! Jedenfalls dann, wenn wir die Maßstäbe von Gerechtigkeit und Menschlichkeit anlegen. Und das sollten und müssen wir tun! Es ist gescheitert, es war von Anfang an mit ethischen Mängeln und Denkfehlern behaftet und es wurde im Laufe der Jahre immer weiter und mit Wucht "vor die Wand gefahren" -zum Schaden von uns Allen!

Nachdem nun verschiedene Aspekte des Themas in fachkundigen Bücher bereits erläutert wurden, denken wir, dass es an der Zeit ist, ein verständliches Handbuch für den Widerstand zu erstellen.
Das Projekt ist unkommerziell.

Die Stimmen vieler Tausend direkt Betroffener und Geschädigter verhallte ungehört.
Und ebenso auch diese:

Norbert Wiersbin setzte sich mit dem Thema unter dem Titel
"Das Hartz-Desaster / Auf dem Weg in den Unrechtsstaat" auseinander.

Peter Hetzler steuerte "Hartz 5-Ein Hartz IV-Roman" bei.

Und Inge Hannemann schließlich konstatierte die "Die Hartz-IV-Diktatur".

Ein "jobcenter-Krimi" wurde von mir selbst aufgelegt.
Burkhard Tomm-Bub: "Geringe Mitnahme-Effekte! Ein jobcenter-Krimi"

Im Bereich des SGB II-Rechts machte sich Harald Thomé sehr verdient.

Inge Hannemann hat in ihrem Buch aus dem Alltag in den jobcentern berichtet. Ich kann dem nicht viel hinzu fügen -jedoch aus meiner persönlichen Erfahrung heraus alles in ganz ähnlicher Weise bestätigen!

Nun also ein Handbuch. Mit diesem Handbuch soll kein Geld verdient werden. Es soll statt dessen konkrete Hinweise und Tipps geben, dabei möglichst prägnant und verständlich sein, ohne dabei aber unsolide oder unseriös daher zu kommen. Eine breitest mögliche Verteilung als eBook, zum download in allen möglichen Formaten, ggf. auch gedruckt zum Selbstkostenpreis ist beabsichtigt. Evtl. Gewinne werden an Erwerbslosen-Initiativen gespendet.

Die Namen derer die mitgemacht haben, wurden je nach Wunsch als Pseudonym, als Klarname, oder auch gar nicht genannt.

Mit freundlichen Grüßen
Burkhard Tomm-Bub, M.A.
Ex-Fallmanager in einem jobcenter im Winter 2015

2. Tipps für den Widerstand

2.1 Vor der (rechtzeitigen!) Antragstellung

+ Es gibt ein gewisses Schonvermögen, eine Art Freibetrag, der bei der Berechnung eines Anspruches **nicht** angerechnet wird.
Vor Antragstellung sollte man also dringend prüfen, ob noch mehr als die aktuell "erlaubte" Summe vorhanden ist.
Aktueller Stand dafür ist Ende 2015 ein Mindestbetrag von etwa 3850,- Euro pro Person. Die exakten Regelungen sind aber sehr speziell: informieren Sie sich genauer im Gesetzbuch (SGB II), im Internet und auch durch direkte Nachfrage im jobcenter **vorab** über die für Sie speziell zutreffende Summe! (Siehe auch unter dem Stichwort "Schonvermögen im Kapitel "Lexikon" dieses Buches.)
Zur Ermittlung des Bedarfes wird nicht nur das jeweils eigene Einkommen berücksichtigt,sondern auch das Vermögen (Ersparnisse, Häuser, Aktien, kapitalbildende Versicherungen, Geldanlagen, Wertgegenstände) und auch das Einkommen der so genannten Bedarfsgemeinschaft. Zur Bedarfsgemeinschaft zählen Lebenspartner, Ehefrau oder Ehemann, Eltern und Kinder sowie auch die Stiefkinder im selben Haushalt.

+ Falls tatsächlich noch mehr Geld vorhanden ist: möglichst alle alten Schulden bezahlen!
Bei der Prüfung der Vermögensverhältnisse berücksichtigt das jobcenter nämlich nur Guthaben, nicht aber die Schulden. Wer also bei Abgabe des Antrags mehr Geld als den geschützten Freibetrag besitzt und zugleich Schulden hat, verliert doppelt. Denn er muss zunächst das Geld für seinen Lebensunterhalt verbrauchen, das er eigentlich zum Schuldentilgen hätte verwenden könnte.

+ Falls noch immer "zuviel" Geld vorhanden ist: in möglichst langlebige Wirtschaftsgüter / Dienstleistungen investieren, z.b. Kühltruhe, nötige Renovierungen, Herd, o.ä. Wertobjekte, wie zum Beispiel teure Gemälde, hochwertiger Schmuck und ähnliches sind dagegen nicht zu empfehlen, da hier eventuell ein Verkauf verlangt werden kann.

+ Vorsorgeverträge / -Klauseln ändern!
Bei Lebensversicherung lässt sich ebenfalls Geld sichern. Nach dem SGB II, Paragraf 12 (2) ist ein besonderer Freibetrag für die Altersvorsorge vorgesehen- erfragen Sie deren exakte Gesamthöhe bitte zeitnah und aktuell! Diesen Freibetrag gibt es aber nur, wenn sichergestellt ist, dass das Geld nicht vor dem Rentenalter ausgezahlt werden kann. Herkömmliche Policen erfüllen diese Voraussetzung normaler Weise nicht, sie können vorzeitig zurückgekauft oder aufgelöst werden.
Verträge mit Versicherern sollten also **vor** Antragstellung abgeändert werden. Eine Klausel, die einen Verwertungsausschluss bis zur Freibetragshöhe vorsieht, räumen inzwischen etliche Gesellschaften ein.
Einige Ratgeber empfehlen übrigens auch Verträge nach dem Riester-Modell, denn die Ersparnisse daraus seien auch anrechnungsfrei.

+ Wer bereits vor Eintritt der Notlage / Arbeitslosigkeit weiß, dass diese auf ihn zukommt: der Arbeitsagentur / dem jobcenter **sofort** nachweisbar schriftlich darüber Bescheid geben. Dies kann sonst finanzielle Nachteile bewirken. Also **nicht** bis zum ersten Tag der Arbeitslosigkeit warten.

+ **Nie** auf "Aufhebungsverträge", o.ä. beim Arbeitgeber einlassen -immer kündigen lassen. Sonst sind Sie "mitschuldig" an Ihrer Notlage. Was finanzielle Strafen nach sich zieht.

2.2 Vor Ort im jobcenter

GUT ZU WISSEN:
Wer kann mit Aussicht auf Erfolg einen Antrag auf Hartz IV / ALG II stellen?
-Erwerbslose, die keinen Anspruch mehr auf das Arbeitslosengeld I haben.
-Alle Selbstständige deren Einkommen nicht mehr ausreicht, um das Existenzminimum zu sichern und deren Betrieb "pleite" gegangen ist.
-Menschen deren Unterhaltsbezug nach einer Trennung oder Scheidung nicht (mehr) zur Lebenssicherung ausreicht.
-Menschen, die zuvor keinen Anspruch auf das ALG I hatten und über kein Einkommen verfügen.
-Zusätzliche Hartz-IV Leistungen können Erwerbstätige beantragen, wenn das Einkommen zur Sicherung des Existenzminimum nicht (mehr) ausreicht.
-Anspruch auf Arbeitslosengeld II haben alle Menschen die mindestens 15 Jahre alt sind bis hin zum gesetzlichen Rentenalter.
-Voraussetzung ist, dass man grundsätzlich mindestens drei Stunden pro Tag erwerbsfähig ist und seinen Wohnsitz in Deutschland hat (§7, § 7a SGB II).
-Menschen, die weniger oder keine Arbeit verrichten können, erhalten Sozialhilfe.
-Einen Anspruch auf Sozialhilfe haben Erwerbsunfähige auf Zeit, Menschen im Vorruhestand mit zu niedriger Rente, längerfristig erkrankte Menschen, sowie hilfebedürftige Kinder mit selbst nicht hilfebedürftigen Eltern.

+ Antrag rechtzeitig abgeben. Das heißt: sobald die Notlage / Arbeitslosigkeit eintritt. Gezahlt wird erst ab dem Tag der Antragstellung!

+ Ein Antrag sollte möglichst vollständig und richtig ausgefüllt sein. Im Zweifel sollte man jedoch keine falschen Angaben machen. Mit seiner Unterschrift erklärt man verbindlich, dass alles wahrheitsgemäß und richtig ist. Die jobcenter sind verpflichtet, beim Ausfüllen zu beraten.

+ Nicht "vertrösten" / verschieben lassen! Geldzahlungen erfolgen rückwirkend erst frühestens ab Datum der Antragstellung. Notfalls muss ein Antrag auch unvollständig und trotz fehlender Unterlagen abgegeben (und entgegen genommen) werden. Unterlagen fehlen häufig, das ist also nichts besonderes.

GUT ZU WISSEN:
Bei Geldern die man erhält, z.b. letztes Gehalt, letzte Bafögzahlung, erster neuer Lohn, etc. ist immer der **Zuflussmonat** entscheidend für die Anrechnung!
Es ist also vollkommen egal, wann der Anspruch darauf entstand, für welche Arbeitsleistung das Geld gezahlt wird, usw.

+ Es ist **immer** richtig und wichtig, nicht allein zu jobcenter-Terminen zu gehen. Hierauf besteht ein gesetzliches Recht. Das Gesetz, nämlich der § 13 SGB X (4), spricht hier von einem so genannten Beistand. Es ist unerheblich, wer das ist. Von Verwandten ist aber möglichst abzuraten -diesen kann im Ernstfall "Parteilichkeit" unterstellt werden. Freunde, Bekannte, MitarbeiterInnen von Beratungsstellen, andere Betroffen, u.ä. bieten sich hier an. Ist dies absolut nicht möglich, sollte aber ruhig auch jemand von der Familie mit gehen: dies ist noch immer besser als allein.

+ Präzise Notizen machen. Es mag auch heute noch Fallmanager / Sachbearbeiter geben, die von sich aus das Ergebnisprotokoll jedes Gespräches am Ende aushändigen, bevor sie es abspeichern. Verlassen sollte man sich aber nicht darauf. Bei eigenen Mitschriften (oder durch den Beistand) ist es wichtig exakt festzuhalten, wer, wann, wo und wie lange im Gespräch miteinander war. Und natürlich die konkreten Inhalte. Zwischendurch nachzufragen: "Kann ich mir das also soundso notieren?" ist durchaus hilfreich. Sollte die Mitschrift in dieser Form aus irgendeinem Grund nicht möglich sein: unbedingt **sofort** danach ein Gedächtnisprotokoll anfertigen, am besten noch im Gebäude die ersten Notizen dazu machen!

GUT ZU WISSEN: Sie können Angaben, die Sie machen zum Beweismittel erheben. Dies durch eine schriftliche "Versicherung an Eides Statt". Aber: tun Sie dies wirklich NUR wenn es der Wahrheit entspricht und Sie ganz sicher sind. Kann man Ihnen später das Gegenteil beweisen, erfolgt in der Regel eine Gefängnisstrafe. Mit diesem Mittel "spielt" man also nicht!

+ Beschwerdemöglichkeiten sind: formlose schriftliche Petition, Widerspruch, Klage beim Sozialgericht. Gelegentlich hilft auch ein Brief an die Teamleitung mit Durchschlag an die Geschäftsführung, oder ein begleiteter Termin dort. Ein Brief / Durchschlag an die Regionaldirektion und "an Nürnberg", ist im Einzelfall auch überlegenswert. Insbesondere die Rolle der jeweils zuständigen Regionaldirektion würde ich nicht unterschätzen. Diese spielen in der Öffentlichkeit zumeist eine eher unauffällige Rolle. Meiner subjektiven Einschätzung nach ist aber in den ja übergeordneten Direktionen keineswegs alles bekannt, was sich im jeweiligen jobcenter vor Ort so alles "abspielt". Einiges ist "eigentlich" bekannt, aber man möchte es nicht wirklich zur Kenntnis nehmen und nicht sehen. Hier Beobachtungen und Fakten zu sammeln und dann ein "Dreierpack", sprich ein Schreiben mit zwei "Durchschlägen" per Einschreiben an die Geschäftsführung des jobcenters, die zuständige Regionaldirektion und an die BA-Zentrale nach Nürnberg zu schicken... Das kann dann schon mal helfen...!
(Siehe hierzu auch unter: " 4. Stichworte / Kleines Lexikon")

2.3 Bei Maßnahmen

Maßnahmeträgern in die Suppe spucken? Legale Tipps und Ideen.

Vielleicht helfen die nachstehenden, legalen und praxisorientierten Vorschläge ja dem einen oder anderen Zwangsvermaßnahmten.
Selbstwertgefühl, "kaltes Blut" und Sorgfalt sind hier allerdings anzuraten.

Law and Order

Ordnung muss sein, Recht und Gesetz müssen eingehalten werden.
Da bilden auch "Bildungs-Institute" keine Ausnahme.
Und doch verstoßen gerade diese häufig gegen die unterschiedlichsten Vorschriften.
Exemplarisch zu benennen wären da die Bildschirmverordnung, das Arbeitsschutzgesetz, Arbeitsstättenrichtlinie, Urheberschutz ect.

Fangen wir mit den Unterrichtsräumen an...

+ Sind die Fluchtwege gekennzeichnet?
+ Sind die Feuerlöscher aktuellen Datums (letztes Kontrolldatum)?
+ Wer ist in deren Handhabung unterrichtet?
+ Ist klar erkennbar ("schwarzes Brett"), wer im Notfall der Ersthelfer ist?

Wenn nein, interessiert dieser Umstand mit Sicherheit die **Feuerwehr** und die **Berufsgenossenschaft!** Notieren / dokumentieren und melden, was sonst?

Wo kämen wir denn da hin, wenn deutsche Regeln einfach so missachtet würden, also ehrlich ...

Der "Arbeits"platz...

...besteht in erster Linie aus Tisch, Stuhl und Computer. Und für die geschäftliche Nutzung dieser Gegenstände gibt es natürlich jede Menge Verordnungen. Die sollen doch – auch von "Bildungs"trägern – bitteschön eingehalten werden.

Raum ist in der kleinsten Hütte? Nein!

Den Arbeitsplatz am PC abmessen. Muss laut Arbeitsplatzverordnung min. 90 cm pro Arbeitsplatz betragen. Wenn man mal keinen Meterstab zur Hand hat: einfach 3 DIN A4-Blätter aus dem Drucker oder Kopierer der Länge nach hinlegen – ein Blatt hat 29,7 cm macht also zusammen bisserl unter 90 cm. Die meisten Bildungsträger "sparen" sich den Platz und setzen meist nur 140 oder 160 cm Tische für 2 Arbeitsplätze ein.
In den Ausschreibungsunterlagen jedoch verpflichten sie sich, die Arbeitsplatzverordnung einzuhalten...
Stolperfallen wie offen herumliegende / verlegte Kabel, Teppiche mit Beulen? Auch ein Verstoß gegen die Arbeitssicherheit...

Ganz viel Information zum Thema Arbeitsstättenverordnung hier:
 http://www.arbeitssicherheit.de/de/html/library/overview

Klappstühle oder billigste Stapelstühle, um 8 Stunden in der Maßnahme zu sitzen?
Unzulässig! Hier wird die Arbeitsstättenverordnung missachtet.

Die VBG (Verwaltungsberufsgenossenschaft) ist hier zwingend zu informieren
https://www.vbg.de/apl/gv/arbstaettv/2.htm

Computer.

Raubkopien sind verboten, das weiß nun wirklich jeder.
Wirklich jeder? Ich fürchte, nein.
Da macht es doch Sinn, dem Maßnahmeträger unter Umständen zu mehr
Gesetzeskonformität verhelfen zu können, nicht wahr?
So lässt sich rasch überprüfen, ob die diversen Rechner lizenzierte Versionen für
MS-Programme wie Windows haben.
Ein Windows Produkt ist nur für einen einzelnen Rechner gedacht – will man mehrere
Computer mit Windows ausstatten so muss man eine Mehrfachlizenz erwerben. Ist diese
nicht vorhanden hat man illegal ein Produkt vervielfältigt und genutzt.

Überprüfen, wenn man am Maßnahmerechner sitzt, hier:
http://www.microsoft.com/genuine/validate/ und bei Lizenzverstößen melden…

Wenn man schon dabei ist MS-Produkte zu kontrollieren, kann man sich auch gleich
die restliche Software anschauen. So ist z.B. die allseits beliebte Antivirensoftware
Avira Antivirus Free in der Gratisversion nur für Privatpersonen zulässig. Dies gilt
auch für andere Freeware-Produkte. Möglicherweise würden sich die Hersteller über
Missbrauch-Informationen freuen.

Geht auch ganz einfach: Avira starten->Hilfe->Über Avira Free Antivirus-
>Lizenzinformationen

Sammeladressen für Meldungen zu illegaler Software:
http://ww2.bsa.org/country.aspx?sc_lang=de-DE
und evtl. auch
http://www.gvu.de/

Arbeitsblätter sind…

…möglicherweise auch rechtswidrig erstellt worden.
Vom Umgang mit ausgehändigten Arbeitsblättern: Ein weit verbreiteter Irrglaube ist, dass
mit dem Erwerb eines Fotokopierers und der im Preis enthaltenen Urheberrechtsabgabe
alles kopiert werden darf. Falsch! Auch beim Erwerb einer CD-ROM geht ein Teil des
Kaufpreises als Urheberrechtsabgabe an Verwertungs-und Vermarktungsverbände.
Dennoch darf nichts kopiert werden, was ausdrücklich untersagt ist. Genauso verhält es
sich mit dem geschriebenen Wort und dem Fotokopierer.

Was in Schulen schon seit Jahren praktiziert wird, findet auch bei den Maßnahmen statt.

Es wird ein Exemplar eines Arbeitsheftes gekauft und dann daraus fleißig Arbeitsblätter für die Teilnehmer kopiert.

Nun muss man nur noch wissen, von welchem Verlag und vielleicht sogar noch von welchem Buch die Kopie stammt. Damit man dem Verlag ordnungsgemäß den Verstoß melden kann. Hier ist allerdings etwas Phantasie und vor allem Internet gefragt. Oft befindet sich in der Kopf-oder Fußzeile ein Hinweis in Form eines Kürzels o.ä. Ein Blick auf den Schreibtisch des Referenten (nichts anfassen!) ist auch informativ, denn oft halten sie das Original in Händen, während die Kopien durch gereicht werden.
Weit verbreitet sind beispielsweise die Arbeitshefte aus dem Haus „Verlag an der Ruhr". Der Verlag legt umfangreiches Material zum Bewerbungstraining auf. Günstigerweise versieht er auch seine Arbeitsblätter immer links innen mit Copyrightvermerk und Verlagsanschrift. Auf jedem Blatt in kleiner Schrift links unten nach oben. Das Kopieren aus den Arbeitsheften ist nicht erlaubt. Ziel des Verlages ist es, jeden einer Arbeitsgruppe mit solch einem Heft auszustatten.

GEZ – Nachfolge und GEMA

Computer sind anmeldepflichtig, ebenso das Radio im Büro der Geschäftsleitung.Ob jedes Gerät des Maßnahmeträgers angemeldet wurde? Das kann doch gewiss gerne die GEZ erfragen, wenn man sie freundlich über möglicherweise illegal betriebene Unterhaltungselektronik informiert…
Und sollte – wie in manch Sozialkaufhaus – eine leise Musikbeschallung erfolgen, müssen hierfür GEMA-Gebühren entrichtet werden…

Denunziantentum?

Nein! Die hier vorgebrachten Vorschläge erachte ich nicht als "petzen", denunzieren oder Ähnliches. Und nein, ich habe keinerlei schlechtes Gewissen dabei, den (oftmals) untauglichen Maßnahmeträgern gründlichst in die Suppe spucken zu wollen. Den Herrschaften, die sich als verlängerten Arm der Jobcenter verstehen, geht es um Gewinn. Das ist zunächst legitim, denn es sind privatwirtschaftliche Betriebe und wir leben nun einmal im Kapitalismus. Sie wollen verdienen, sie sollen auch verdienen… wenn sie es denn verdienen...

Da sich ein Großteil der Maßnahmeträger dem kapitalistischen Prinzip des "um jeden Preis" aber dergestalt unterwirft, dass selbst vor menschenverachtender Praxis nicht zurückgeschreckt wird – angeblich gehorcht man ja nur dem Gesetz/hier: SGB II – indem die Zwangszugewiesenen bei der geringsten "Verfehlung" (die de facto selten wirklich welche sind und wohl wissend um die Sanktionen!) dem Jobcenter gemeldet werden, ist diese Art der Gegenwehr genauso legitim. Quit pro quo.

Meldungen dieser Art können auch über den Fallmanager / Sachbearbeiter des jobcenters gemacht werden (nachhaken!), oder privat mit Namen, anonym oder über eine dritte Person erfolgen -je nachdem was geeigneter erscheint!

GUT ZU WISSEN:
Stets die Form wahren, formal und inhaltlich ist auch hier wichtig. Zur Not, oder wenn Eile geboten ist, tut es aber auch ein "Zettel", bzw. kann man auch manche Dinge mündlich "zur Niederschrift" fixieren. Dies sollte aber dokumentiert werden, Begleitung ist dabei immer gut.
Eine "ordentliche Form" sollte man dann aber baldmöglichst nachreichen. Nicht jeder kann alles gleich gut: es ist absolut keine Schande, sich dabei helfen zu lassen!
Im jobcenter zählt real **nur** die Schriftform. Und: man sollte stets nachweisen können, das man hier aktiv war. Ob man Boshaftigkeit oder Organisationsgröße und Überlastung als Grund unterstellt, bleibt letztlich egal: manches verschwindet, oder taucht erst viel später wieder auf. Dem gilt es zu begegnen. Beweispflichtig sind im Zweifel Sie, leider.

+ Möglichst nichts sollte im Original heraus gegeben werden. Anschauen: Ja. Anfassen (und erst mal behalten): Nein. Ist es völlig unumgänglich, sollte man selbst zumindest noch eine Kopie davon haben und sich die vorüber gehende Abgabe auch mit Datum bestätigen lassen.

+ Möglichst nur **Kopien** einreichen! Das Original sollte man ruhig mitnehmen, zum Vergleich, oder aber beglaubigte Kopien einreichen. Letzteres verursacht jedoch natürlich Arbeit und Kosten.

+ Stets eine Abgabebestätigungen ausstellen lassen! Die kann man selbst schriftlich vorbereiten, oder eine **weitere** Kopie mitnehmen, auf dem das Datum der Abgabe, sowie der Name der Person, die das Schriftstück entgegen nimmt, vermerkt werden.

+ Einschreiben! Bei notwendigen Briefen an das jobcenter sollte immer eine postalische Form gewählt werden, die im Nachhinein beweisbar ist.
Nur im Notfall auch einmal unter Zeugen einen Brief in den Briefkasten des jobcenters werfen, eine Kopie davon behalten und die Zeugen schriftlich Datum und Uhrzeit des Einwurfes bestätigen lassen. Werden Fristen angeblich versäumt, kann dies sehr unangenehme und teure Folgen haben.

+ Eingliederungsvereinbarung (EGV)- sind ein weites Feld und ein umfassendes Thema. Die MitarbeiterInnen im Fallmanagement stehen unter großem Druck, stets einen sehr hohen Prozentsatz aktiver, gültiger EGV vorzuhalten. So wird fast jedeR damit konfrontiert. Auch bei der Besprechung einer EGV sollte unbedingt ein Beistand mit dabei sein. Höflich, aber bestimmt sollte man darauf bestehen, eine Bedenkzeit zu bekommen, das heißt man sollte das Schriftstücke für einige Tage mitnehmen können. Vielfach wird auch empfohlen, (dennoch) **nicht** zu unterschreiben. Eine Sanktion kann allein deshalb **nicht** ausgesprochen werden. Der Vorteil: man bekommt die EGV anschließend zugesandt, ohne eigene Unterschrift und zum Verwaltungsakt erklärt. Das hat den Vorteil, dass man in diesem Falle per Widerspruch und Klage dagegen vorgehen kann- im anderen Falle dagegen in der Regel nicht, da hat man mit seiner Unterschrift ja quasi zugestimmt...
Nicht jeder Satz in diesen "Verträgen" ist übrigens persönlich zu nehmen. Etliches ist vorgegeben und steht in allen EGV. Manche überlastete FallmanagerInnen beschränken sich auch darauf, allgemeine Pflichten, die eigentlich schon in der Antragstellung genannt wurden, zu wiederholen und ein, zwei individuell klingende (!) Sätze

einzuschieben, die dazu noch relativ vage Aussagen machen. Was dann im Effekt zumeist ungefährlich ist.

+ Zuweisungen zu Maßnahmen können recht unterschiedlich aussehen. Dies ist ein Sammelbegriff für verschiedenste Dinge. Das kann ein Sprachkurs sein, ein Bewerbungstraining, ein mehr oder weniger berufsqualifizierender Kurs, mit recht vielfältigen oder langweiligen Inhalten und einiges mehr. Auch die Dauer variiert stark, von wenigen Tagen über Wochen bis hin zu Monaten.
Auch hier ist das jobcenter sehr interessiert, einmal eingekaufte Kurse auch wirklich voll zu belegen. Die Grundkosten sind immer gleich und wer hier teilnimmt, gilt in dieser Zeit nicht mehr als arbeitslos!
Leider rückt die Qualität, die Sinnhaftigkeit, die Frage, ob die jeweilige Maßnahme individuell überhaupt das richtige ist und der Aspekt der Freiwilligkeit und Eigenmotivation bei diesen Dingen immer mehr in den Hintergrund. Nur noch die Statistik zählt... Daher darf man diesen Bereich ruhig recht kritisch sehen und seine verbliebenen Rechte wahren. Manch`einem soll ja sogar die vierte Zuweisung zum selben Bewerbungstraining, oder besonders unsinnige Inhalte derart auf den Magen geschlagen sein, dass er statt zur Maßnahme erst einmal zum Arzt musste. Oder es klappte dann vor Ort dauerhaft nicht wirklich gut, ohne das man direkt ein krasses Fehlverhalten nachweisen konnte.

+ Zuweisungen zu 1,- Euro-jobs, gab es in früheren Jahren recht viele, heutzutage hat sich die Anzahl verringert. Nach wie vor gibt es diese Beschäftigungsmöglichkeiten aber. Dem Verfasser sind persönlich Konstellationen bekannt, die individuell sinnvoll waren und auch von allen Beteiligten freiwillig so gewünscht wurden. In solchen Fällen spricht wenig gegen eine Teilnahme. (Sieht man einmal davon ab, dass hier kein echtes Arbeitsverhältnis entsteht- dafür aber eben solche auf dem Ersten Arbeitsmarkt quasi vernichtet werden.)
In allen anderen Fällen gilt jedoch das, was auch schon beim Tipp "Zuweisung zu Maßnahmen" geschrieben wurde (siehe dort)!

+ Die Vorlage von Unterlagen wird oft verlangt, insbesondere bei Antragstellung, aber auch später immer wieder. In diesem Kapitel wurde indirekt schon etliches dazu gesagt. Daher hier nur noch einmal die Hinweise: möglichst fristgemäß, immer mit Datum nachweisbar (!) und komplett vorlegen. Man ist - leider - in vielen Fällen verpflichtet, dies zu tun, in einigen aber auch nicht. Hier eine Aufzählung zu versuchen, würde den Rahmen aber absolut sprengen. Bei speziellen Fragen erkundigen Sie sich bitte direkt im jobcenter, ob dies wirklich zwingend ist. Notieren Sie sichtbar, wer Ihnen das wann gesagt hat und fragen Sie ruhig: "Ich kann mir das also so und so notieren, Herr X?" Auskunft gibt es auch bei Beratungsstellung und im Internet finden sich teils seitenlange Listen, was Pflicht ist und was nicht (obwohl es versucht wird).

GUT ZU WISSEN: Unterschiedlichste Lebenslagen der betroffenen Menschen führen in der Praxis zu ungeheuer umfangreichen individuellen Ansprüchen und Pflichten. Beispiel hierfür ist der Leistungsanspruch auf ALG II für Kinder bei getrennt lebenden Eltern, Bedarfsgemeinschaften in denen ein Teil der Mitglieder ALG II-Ansprüche haben, andere aber nicht, usw. Diese Fragen können nur im Einzelfall beantwortet werden, durch Nachfragen, Recherche, mit Hilfe von Beratungsstellen und Literatur, notfalls auch mit anwaltlicher Hilfe, wenn Konflikte auftauchen. Dies ist bedauerlich, aber momentan nicht zu ändern. Versuchen Sie genug Kraft, Geduld und Ausdauer aufzubauen, um Dinge dieser Art zu klären!

2.5 Zusammen mit anderen Menschen

+ Bei jedem **Termin** im jobcenter sollten Sie über einen **Beistand** verfügen, jemand sollte mitgehen. Besser ein Familienangehöriger als niemand. Besser ein Freund oder zuverlässiger Bekannter als ein Familienmitglied. Besser einE MitarbeiterIn einer Beratungsstelle, ein Geistlicher, oder sonst eine "offizielle Person" als ein Bekannter. Aber möglichst nie allein. Dies verbessert das konkrete "Beratungsklima" absolut, auch wenn es gefühlsmäßig nicht allen jobcenter-MitarbeiterInnen gleich gut gefallen wird. Ein souveränes Fallmanagement sollte aber im Stande sein, die Anwesenheit eines Beistandes als Bereicherung zu sehen. ... Und im Ernstfall: kann der Beistand ein wichtiger Zeuge sein. Auch das soll nicht verschwiegen werden: geraten Sie an eine besonders unwirsche Kraft und sind Sie selbst sehr aufgeregt- kann Sie die andere Person vor unbedachten Äußerungen oder gar Handlungen bewahren.

GUT ZU WISSEN:
Mit beleidigenden Äußerungen oder Gesten, Bedrohungen und natürlich besonders mit Sachbeschädigungen oder körperlichen Angriffen- setzen Sie sich **immer** ins Unrecht! Und mag Ihre Empörung noch so berechtigt sein. Sie verschlechtern Ihre Ausgangsbasis enorm, verschaffen sich viele Nachteile und bewirken keinerlei Änderungen in Ihrem Sinne. Kaltes Blut! Zorn- keine Wut!

+ Beratungsstellen
In vielen Städten gibt es Beratungsstellen, die auch oder sogar gezielt bei Hartz IV-Problemen helfen, informieren und unterstützen.
Mögliche Kandidaten sind hier die Arbeiter Wohlfahrt (AWO), die Caritas, die Diakonie (diese beiden in kirchlicher Trägerschaft), der Deutsche Paritätische Wohlfahrtsverband (DPWV), sowie Gewerkschaften wie zum Beispiel verdi. Parteien wie DIE LINKE bietet teilweise etwas in dieser Art an und in einigen Orten bilden sich auch "Freie Gruppen". Adressen und AnsprechpartnerInnen können Sie der Tageszeitung entnehmen, oder auch dem Telefonbuch. Am schnellsten geht es aber natürlich in der Regel auch hier wieder über das Internet.
Scheuen Sie notfalls nicht den Weg in die Nachbarstadt, wenn sich etwas für Sie passendes findet, kann dies von großem Nutzen sein. Oft können diese Gruppen auch geeignete, spezialisierte Anwälte nennen.
 Sollten Sie in einer Großstadt leben und eine gewisse Auswahl haben, empfiehlt sich natürlich beim ersten Versuch eine Organisation, der Sie nahe stehen. Zögern Sie aber, wenn Sie nicht zufrieden sind, auch nicht, es einmal anderswo zu versuchen.

+ Verwandte, Freunde und Bekannte
Gemeinschaft tut immer gut und Reden hilft! Zumindest gefühlsmäßig. Auch für den immer sinnvollen "Begleitdienst" zu Terminen beim jobcenter sind diese Menschen sehr wertvoll. Jedoch sollten Sie ein wenig vorsichtig sein, wenn jemand zu Rechtsfragen, Ansprüchen und ähnlichem, "etwas von jemandem gehört hat". Es ist zumeist kein böser Wille: aber es kann gefährlich werden, sich da fest auf eine Information zu verlassen und sogleich danach zu handeln! Prüfen Sie zumindest erst anhand mehrerer, anderer Quellen, ob die Information tatsächlich stimmt!

+ Andere Betroffen (kennen lernen, ansprechen)
Menschen, die ein ganz ähnliches Schicksal haben, können oft sehr gute BündnispartnerInnen sein. Hier kann man sich auch gut gegenseitig unterstützen, etwa in dem man gegenseitig "zum Termin mitgeht".
Beobachten Sie aber auch hier ob "die Chemie stimmt" und ob Ihre KooperationspartnerInnen wirklich überwiegend hilfreiches Verhalten zeigen.
Manches mal wird es so sein, dass sich schon im Freundes- und Bekanntenkreis ebenfalls Betroffene finden. Ist dies nicht der Fall, können Sie solche aber vielleicht in realen Gruppen, oder in Gruppen und Foren im Internet finden.
Und nicht zu vergessen: vor Ort! Im jobcenter sind oft Wartezeiten erforderlich. Fassen Sie sich ein Herz und sprechen Sie andere dort wartende Menschen an. Nicht immer, aber doch zuweilen ergeben sich hier für beide Seiten nützliche Kontakte.
Ein Gleiches gilt für KollegInnen, hier also bei Maßnahmen oder 1,- Euro- Jobs, denen Sie eventuell zugewiesen werden. Tauschen Sie sich aus, bieten Sie Hilfe an- und nicht selten werden auch Sie im Gegenzug Hilfen bekommen.

+ Verbündete im Internet
Von Internet war schon mehrfach die Rede, daher hier nur noch kurz etwas dazu. Informative websites können helfen- Blogs, Foren und Fachgruppen auf Plattformen wie facebook, Google plus, seniorbook und ähnlichen ebenfalls. Bei letzteren besteht zumindest die Chance, auch Menschen zu finden, die in Ihrer räumlichen Nähe wohnen. Einige Adressen finden Sie bereits hier im Buch, selbst sollten Sie aber auch mit entsprechenden Suchbegriffen über Google, oder alternative Suchmaschinen nachforschen und recherchieren.

+ Pfarrer, Pastor, Imam, ...
Insbesondere wenn Sie gläubig sind, oder falls alle anderen Möglichkeiten vorerst nichts erbringen, kann es im Einzelfall durchaus erfolgreich sein, bei Ihrem örtlich zuständigen Pastor, Pfarrer, Imam, oder vergleichbaren Menschen ein Gespräch zu vereinbaren und um Unterstützung zu bitten.

+ Arzt / Ärztin
Viele MedizinerInnen haben heutzutage leider nicht mehr viel Zeit. Einige nehmen sich diese aber dennoch- und evtl. haben Sie ja auch einen "langjährigen Hausarzt". Vertrauen Sie sich diesem an, hinsichtlich aller gesundheitlichen Faktoren, aber auch hinsichtlich ihrer sozialen Situation. ÄrztInnen haben Schweigepflicht!
 Bereiten Sie sich auf ein Gespräch dort vor, notieren Sie sich vorab auf einem Zettel Stichworte. Beim jobcenter zählt **nur** "Papier", Atteste spielen oft eine große Rolle. Seien Sie ehrlich und versuchen Sie, keinen falschen Eindruck zu erwecken. Erhalten Sie aber keine angemessene Unterstützung, denken Sie jedoch auch ruhig einmal über einen Wechsel Ihres Arztes oder Ihrer Ärztin nach!

GUT ZU WISSEN:
Bedenken Sie auch andere, hier nicht genannte Möglichkeiten. So kann es, bei bestehendem Vertrauensverhältnis, zum Beispiel auch eine Idee sein, in einem Freizeit- oder Sportverein, in dem Sie Mitglied sind, Vertraute und Verbündete zu suchen.
Anspruch auf Hartz IV / ALG II zu haben ist heutzutage absolut keine Schande -und Schuld an dieser Situation haben Sie in aller Regel auch nicht. Sie haben ein absolutes Recht auf diese Unterstützung! Nur einigen hunderttausend offenen Stellen (davon viele

schlecht bezahlt und mit schädlichen Arbeitsbedingungen) stehen mehrere Millionen Erwerbslose gegenüber. Wer unter diesen Bedingungen noch "Sprüche klopft", wie: Wer arbeiten will, wird auch Arbeit finden! Dem ist nicht mehr zu helfen. Fakten und Logik gehören dann ganz offensichtlich **nicht** zu seinem Horizont!

+ Zweifelnde jc- MitarbeiterInnen
Ja, auch zweifelnde und humane jobcenter- MitarbeiterInnen gibt es heute noch- wenn auch leider weniger als früher einmal (Flucht oder Vertreibung vom Arbeitsplatz sind hier die Hauptursachen). Ob Sie Ihren eigenen zuständigen SachbearbeiterInnen so weit vertrauen sollten, dass Sie sie als regelrechte Verbündete ansehen sollten, wenn diese einen guten Eindruck auf Sie machen? Das ist eine schwierige Frage. Vorsicht scheint hier nicht verkehrt.
Anders aber, wenn Sie vor Ort oder (dort teils anonym) im Internet auf andere Fachkräfte aus den jobcentern treffen. Auch in solchen Fällen ist die Preisgabe von persönlichen Details freilich nicht immer risikolos. Aber: allgemeine Fragen verschiedenster Art, die Sie betreffen, können Sie dort sicherlich nochmals stellen. Gemeint ist hier also die Überprüfung von Angaben, die Sie vor Ort bekamen, das Nachfragen, ob man Sie auch wirklich **vollständig** über alle Möglichkeiten informiert hat und ähnliches.

2.6 In der Öffentlichkeit

GUT ZU WISSEN:
Auch hier gilt: die Form wahren. Rechtschreibung, Zeichensetzung. Keine Beleidigungen und Drohungen.Keine "wilden Spekulationen", etc. …
Egal wie empört man ist, ganz gleich, wie berechtigt das Anliegen ist- es hilft nichts, sieben Ausrufezeichen zu setzen und laut zu jammern, warum sich seit Jahren niemand um dies oder jenes kümmert etc. Das nutzt schlicht überhaupt nichts und wirkt im schlimmsten Falle lächerlich.
Satzendzeichen sind keine Rudeltiere, dasselbe gilt also auch für Fragezeichen, etc.
Das Entsetzen und die Empörung müssen in Kopf und Herz der Leserin und des Leser entstehen. Je sachlicher Verfehlungen, Unrecht, Unverschämtheiten, usw. geschildert werden, umso höher die Erfolgsaussichten dafür. Daher sollte man auch nicht zu viel interpretieren und spekulieren, auch das kann unglaubwürdig wirken und den kompletten Text unwirksamer machen.
Ganz "ohne Gefühl" muss man aber auch nicht arbeiten. Hier gibt es einen guten und nicht angreifbaren Kunstgriff: bleiben Sie "bei sich"!
Sprich, schreiben Sie nicht: "Was dieser unverschämte Sachbearbeiter mir da vor ein paar Monaten an den Kopf geschleudert hat, war total die Frechheit und zeigt, was für ein Versager er ist!!!"
Das mag zwar gut stimmen.
Viel besser aber: "Am Dienstag, den 05.08.2015 nachmittags, bei einem Gespräch im hiesigen jobcenter, bezeichnete mich der zuständige Sachbearbeiter wörtlich als `armes Hartz IV-Würstchen`, das sich mal nicht so aufregen solle, immerhin sei es ihm ja gut möglich, da auch mal die eine oder andere Sanktion auszusprechen! Das machte mich völlig fertig und meine Hände zitterten. Ich verließ dann lieber das Büro, weil ich nicht mehr wusste, wie es sonst weitergehen würde. Drei Tage später bekam ich dann einen Brief, in dem mir eine Geldkürzung angekündigt wurde, wenn ich das durch mich schuldhaft unterbrochene Gespräch nicht alsbald nachhole."

+ Leserbriefe / Mails an (über)regionale Zeitungen / Illustrierte
Lesen Sie die Regionalzeitung und schreiben Sie Leserbriefe. "Aufhänger" und Anlässe finden sich immer wieder einmal. Bringen Sie auf diese Art Ihre Themen, schlechten Erfahrungen und der Öffentlichkeit unbekannte Informationen ein.
Bei größeren Anlässen kann man dies auch bei der Zeitung des Nachbarortes und überregionalen Zeitungen / Illustrierten versuchen. Per Brief oder Email, ggf. auch bei Kommentarmöglichkeiten dieser Publikationen im Internet.

+ Leserbriefe / Mails an (über)regionale Radio- und Fernsehstationen
Gibt es bei Ihnen einen "Offenen Kanal", oder vielleicht in der nächsten Großstadt? Dort können Sie ganze Filmbeiträge erstellen und ausstrahlen lassen. Allein ist das nicht ganz leicht -aber eventuell finden Sie ja MitstreiterInnen.
Öffentliche und private Fernsehstationen kann man auch informieren. Es sollte sich dann aber schon um größere, besonders interessante oder eklatante Ereignisse / Anlässe handeln. Die Adressen erfährt man recht gut im Internet.

+ Leserbriefe / Mails an PolitikerInnen (regional/überregional)
"Leserbriefe" ist hier vielleicht nicht ganz das richtige Wort. "Potentielle WählerInnen-Briefe" träfe es vielleicht besser. Sie können hier in vielfacher Hinsicht tätig werden. Regionale, verantwortliche PolitikerInnen können eine Zielgruppe für Proteste und Fragen hinsichtlich der Gesamtsituation sein. Und / oder in Hinsicht auf Ihre ganz

konkreten Probleme. Sympathisieren Sie mit anderen Parteien, als denen, die regional "das Sagen haben"? Dann schreiben Sie auch diese an! Beides kann man ganz ähnlich in Bezug auf Landtags- und Bundestagspolitiker handhaben.
Die Antworten kann man dann wiederum gut ins Internet setzen. Oder eben auch die Tatsache der "Nichtantwort seit".
 Achtung aber, wenn im Antwortbrief oder Mail ein ausdrückliches Verbot dazu enthalten ist. Dann müssen Sie geschickt alle Namen schwärzen und Details die offensichtliche Rückschlüsse auf diese zulassen. Sie können allerdings erwähnen "... mein zuständiger Wahlkreisabgeordneter ..." wenn Sie nicht im selben Post erwähnen, wo Sie wohnen. (Das müssen und können näher interessierte Menschen dann ja an anderer Stelle nachschauen...)

+ BürgerInnensprechstunden bei regionalen PolitikerInnen nutzen
Viele LokalpolitikerInnen bieten offensiv solche Sprechstunden an. Wenn nicht, hilft ein Anruf in der zuständigen Stadtverwaltung / Kreisverwaltung, um zu erfahren ob und wann solche statt finden.
    Sie sollten Ihr Anliegen vortragen und sich Notizen über die Antworten machen. In Ihrem Blog oder auf facebook und Co. können Sie vorab und danach berichten. Am besten mit ein paar Fotos aufgelockert. Zwar dürfen Sie niemand gegen seinen Willen ablichten und das Bild dann veröffentlichen -aber ein "Selfie vorm (!) Haus": dagegen ist nichts einzuwenden. Weiterhin haben etliche PolitikerInnen einen Eintrag bei wikipedia -mit Foto. Rauskopieren, unten rechts in die Ecke klein: "Quelle: wikipedia" und einfügen. So fließen Informationen, so wird Transparenz hergestellt...!

+ Internetseiten, -Gruppen & Foren (und / oder eigene gründen, auch yt nutzen)
 Das Internet ist insgesamt ein großes und verbreitetes Medium. Zu vielen Dingen, auch zu Hartz IV findet man zahlreiche websites und Blogs. Oft auch Foren, über die man sich informieren und in denen man mitdiskutieren kann. Die Ausrichtungen sind hier durchaus unterschiedlich. Vergleichen Sie!
In den "social media", sprich insbesondere bei Diensten wie facebook, Google plus, seniorbook, usw. gibt es etliche Themengruppen. Werden Sie hier Mitglied, erleben und zeigen Sie Solidarität, oft gibt es dort auch ganz konkrete Hilfen.
Wenn Sie ein wenig erfahren sind, können Sie auch eine eigene website oder ein eigenes Blog anlegen, das geht in einfacher Form auch kostenlos, so etwa bei wordpress oder "Blogger.com".
Bewerben können Sie dies dann wiederum in Foren, über Ihren facebook-Account, usw. und insbesondere auch über den Kurznachrichtendienst twitter (ebenfalls kostenlos).
Schließlich sei noch youtube nicht vergessen. Wenn Sie es sich zutrauen, können Sie dort problemlos selbst gedrehte Clips zum Thema veröffentlichen.

+ Online-Petitionen
Auch so genannte online-Petitionen finden sich im Netz. Diese sind in Hinsicht auf ihre Sinnhaftigkeit teils umstritten.
Wirkliche Petitionen an den Petitionsausschuss des Deutschen Bundestages sind es in aller Regel nicht, aber auch diese gibt es natürlich.
Ein Weg kann sein, gar zu simple oder gar zu Gewalt auffordernde Petitionen zu meiden, alle anderen jedoch mit zu zeichnen. Solange man sich keine schnellen und Aufsehen erregenden Erfolge davon verspricht -kann jede öffentliche Äußerung für andere Menschen ermutigend sein!
Inoffizielle Plattformen sind hier unter anderem: Avaaz, Campact, Change.org und openPetition.

+ Mailaktionen allgemein können grundsätzlich ebenfalls hilfreich sein. Wenn es einen besonderen Anlass, ein besonderes Problem, eine größere Veranstaltung oder Kampagne gibt, können Sie gezielt besondere Personenkreise mit einem Rundmail anschreiben.
Achten Sie darauf, das entsprechende Mail an sich selbst zu senden und alle AdressatInnen nur per "BBC" (Blind-Carbon-Copy) einzufügen. Nicht JedeR hat es gern, wenn alle anderen EmpfängerInnen die eigene Mailadresse sehen können.
eMail- Adressensammlungen finden Sie eventuell im Internet- oder stellen Sie einfach selbst welche, in Kooperation mit anderen Menschen, zusammen!
Beispiele hierfür wären alle Mitglieder des Bundestages, evangelische und / oder katholische Geistliche in Deutschland, GeisteswissenschaftlerInnen, LiteratInnen und AutorInnen, KünstlerInnenvereinigungen, Zeitungsverlage, "Medienmenschen" und viele mehr. Sammeln Sie selbst diese Adressen, können Sie diese zum Beispiel in einer Texteditor-Datei ("*.txt"), oder als Excel-Tabelle sinnvoll aufbewahren. Das Einfügen zum Versand ist dann nicht schwierig.
Achtung: manche Mailserver erlauben nur die Versendung an 100 AdressatInnen pro Mail. Hier gilt es also aufzuteilen.

+ An Kundgebungen / Aktionen / Demos teilnehmen (und / oder selbst anmelden)
Es finden durchaus zahlreich Vorträge, Kundgebungen und Demonstrationen, etc. statt. Diese werden von freien Gruppen und Vereinen, von Parteien wie DIE LINKE, zuweilen von Gewerkschaften oder Wohlfahrtsverbänden durchgeführt.
 Informieren Sie sich in der Regionalzeitung und im Internet, besuchen Sie diese und werben Sie dafür. Animieren Sie andere Menschen, die Sie kennen mitzugehen. Zusammen ist es einfacher und angenehmer.

+ flashmobs, Sitzstreiks, Flugblätter, Performances, …
Eng verwandt mit Aktionen und Demos sind andere Formen wie flashmobs, Sitzstreiks, Performances, oder auch Einzelaktionen mit Flugblättern.
Als flashmob bezeichnet man einen kurzen, scheinbar spontanen Menschenauflauf auf öffentlichen oder halböffentlichen Plätzen, bei denen sich die Teilnehmer nicht zwingend persönlich kennen und ungewöhnliche Dinge tun. Diese sind, ebenso wie eine Einzelperson, die auf öffentlicher Fläche Info-Flugblätter verteilt, nicht anmeldepflichtig.
Man kann sich hierzu vorher mit möglichst vielen Menschen verabreden, bis spätestens zu einer bestimmten Uhrzeit an einem bestimmten Platz zu sein. Wird diese Uhrzeit erreicht (oder auf ein bestimmtes Zeichen hin) tun diese Menschen nun alle kurz dasselbe. Ein Beispiel: Vor einem Hauptbahnhof halten sich um kurz vor 16 Uhr etwas mehr Menschen als sonst auf. Wenn der Uhrzeiger auf 16 Uhr rückt, legen sich alle für 10 Minuten auf den Boden. Mehrere packen dabei Schilder aus, oder ziehen Flugblätter hervor und legen sie neben sich. So war es zum Beispiel zu erleben bei dem flashmob "Pflege am Boden" in Mannheim, mit dem auf Notstände im Pflegebereich hingewiesen wurde. Mindestens eine eingeteilte Person sollte Fotos machen (für spätere Berichte im Internet) und auch ein vorheriger diskreter Hinweis an die örtliche Presse kann absolut nichts   schaden!
Ganz ähnlich verhält es sich mit öffentlichen Sitzstreiks, wobei hier aber zu beachten ist, das aus der Aktion keine Sitzblockade wird- es sei denn, man will riskieren, sich strafbar zu machen. Es dürfen also keine Unbeteiligten oder Institutionen ernsthaft behindert werden.
Bei den Flugblättern ist noch zu beachte, dass ein presserechtlich Verantwortlicher im Impressum genannt wird ("V.i.S.d.P.:").

Performances schließlich kann man in diesem Zusammenhang in etwa mit "künstlerische oder satirische Darbietung" übersetzen. Hier sind der Fantasie wenig Grenzen gesetzt und man kann dies gut mit anderen Aktionsformen kombinieren. Spontan wäre zum Beispiel ein Clown vorstellbar, der ein Schild trägt mit der Aufschrift: "HARTZ IV? Danke für Nichts!" und der sich andauernd vor dem Rathaus / jobcenter in Richtung des Einganges verbeugt.

GUT ZU WISSEN:
Hier einige Anmerkungen zum Thema Presseerklärung / Pressemitteilung. Informieren Sie sich jedoch lieber vor dem verfassen noch umfangreicher durch Literatur oder (vergleichend) im Netz.
 Aufbau
Keine grobe Patzer im Aufbau oder in der Wahl der Ansprache machen.
Die W-Fragen im ersten Absatz beantworten. Wer hat wann und wo was und wie warum gemacht und woher stammt die Information. Grundsätzlich in kurzen Sätzen sofort das Wesentliche schreiben. Erst in den folgenden Absätzen einzelne Punkte ausführlicher erläutern, falls nötig.
Immer kurz aber verständlich formulieren. Kein Slang, keine Fachsprache. Abkürzung (Abk.) bei erster Erwähnung in Klammern ausgeschrieben dahinter setzen.
Unwichtigeres an den Schluss. Gekürzt wird in der Redaktion von hinten nach vorn!
Kurze Zitate lockern auf! "Ein super Tipp!", bestätigte dem Autor erst kürzlich sein Kumpel Sascha! ...
Die üblichen Standards nicht vergessen
Am Schluss der Pressemitteilung sollte die Wort- und Zeichenzahl (mit Leerzeichen) des Textes genannt werden. Auch der Name eines gut erreichbaren Ansprechpartners darf nicht fehlen. Guter Stil ist es auch, ein Datum für die Meldung zu setzen und das Wort „Pressemitteilung" oder „Presseinformation" sichtbar über den eigentlichen Text zu schreiben. Möglichst maximal eine DIN A 4 Seite verfassen.
Ein für die Redaktion, für die LeserInnen interessanter Anlass / "Aufhänger" ist wichtig. Dies soll sich dann auch in einer knappen, fett gesetzten Überschrift äußern. Falls nötig kann eine "Unterüberschrift" genutzt werden (kleiner und schräg gesetzt).
Und schließlich sollte auch hier engagiert, aber glaubwürdig vorgegangen werden.
Der erste Absatz muss alle Schlüsselworte und Details enthalten, dies kurz und präzise.
Der Schreibstil soll gebräuchlich, professionell und leicht zu lesen sein, sowie in der dritten Person verfasst werden. Lange Schachtelsätze vermeiden!
Zur Information für die Redaktion können zusätzlich Fotos und / oder Links angehängt werden.
Verfassen Sie die Mitteilung "knackig", sauber und zielgruppenorientiert.
Die Redaktionen haben täglich etliche ähnliche im Posteingang. Daher sollte die Presseinformation gut und so „pressefertig" wie nur möglich sein.
Wenn die Erklärung viele Fehler und wenig Inhalt hat, oder umfangreich überarbeitet werden muss, wird man damit keine Zeit verschwenden. Achten Sie daher auf eine gute Grammatik, alle Grundlagen und auf einen Inhalt, der es Wert ist, darüber zu schreiben.

6. Informationsquellen / Links / Adressen / Bücher

Informationsquellen
Weiter unten werden eine Menge Links, Adressen und kommentierter Buchempfehlungen bereit gestellt.

Weitere, mögliche Informationsquelle sind Tageszeitungen, kostenlose Wochenblätter, einige Illustrierte, die örtliche Stadtbibliothek, das Internet allgemein, verschiedene Beratungsstellen und das jobcenter selbst.

Handeln Sie bei akuten Problemen fristgerecht, formwahrend und mit kaltem Blut- aber dennoch so gut informiert wie irgend möglich. Überprüfen Sie bei Angaben und Informationen, ob diese wirklich zeitlich noch gültig und aktuell sind und ziehen Sie nach Möglichkeit unbedingt zwei oder drei verschiedene Quellen heran. Quellen die offensichtlich nur voneinander abschreiben, sind dabei **keine** "unterschiedlichen Quellen".

Im übertragenen Sinne gilt dies auch für die Planung und Durchführung von Aktionen, Kampagnen und Veranstaltungen.
Vermeiden Sie es, sich unnötig angreifbar zu machen, oder sich hinterher vermeidbaren Ärger einzuhandeln.
Es sei denn- ...das gehört zur Aktion!
Sie mögen zehn mal Recht haben, wenn Sie öffentlich skandieren, "der Politiker Franz J. Altweise ist ein Verbrecher und Schuft, dem man unbedingt mal alle Scheiben an seinem Bungalow einwerfen sollte!" -Eine Anzeige wegen Beleidigung, übler Nachrede und eventuell wegen der Aufforderung zu einer Straftat ist Ihnen dennoch gewiss.

Ein Auftritt in der Öffentlichkeit im völlig herunter gekommenen Bettlergewand und mit verschmutztem Gesicht, dazu ein Schild: "Danke für Ihre erfolgreiche Sozialpolitik, Herr F. J. Altweise!", -derlei wäre da zum Beispiel schon viel eher auf der "sicheren Seite"!

Hier noch ein Sammel-Link vorab, wichtig insbesondere für die Print-Ausgabe des Buches.

http://kopfmahlen.blogspot.de/2015/11/widerstandslinksmails.html

Hier sind noch einmal **alle** Links und auch Mailadressen, die hier im Buch angegeben werden "versammelt"- anklickbar.
Es ist dies eine Unterseite eines Blogs von mir, ich werden sie solange als möglich aufrecht erhalten.

Ansonsten mögen BenutzerInnen der Print-Ausgabe bitte eben doch "einzeln abschreiben", oder aber die gegebenen Stichworte für einen Suchlauf nutzen- das mag eventuell schneller gehen.

Links

Blogs:

Eine Hartz IV-Betroffene:
https://jobcenteraktivistin.wordpress.com/

Die Ex-Fallmanagerin:
http://altonabloggt.com/

Der Ex- BA-Student:
https://kritischerkommilitone.wordpress.com/

Der Hartz IV-Rechtsexperte:
http://www.harald-thome.de/

Der Protestierende:
http://ralph-boes.de/

Eine Hartz IV-Helferin:
https://erbendertara.wordpress.com/

Ein Interessierter:
https://mannheimbloggt.wordpress.com/hartz-iv-2/

Foren und andere Hilfen zu Hartz IV:

http://hartz.info/index.php

https://www.elo-forum.org/

http://tacheles-sozialhilfe.de/startseite/

http://beratung.rudizentrum.de/

http://www.gegen-hartz.de/

http://www.whistleblower-net.de/

http://www.10jahre-hartz4.de/homepage/bilanz/

http://fhp-freie-hartz4-presse.blogspot.de/

http://www.labournet.de/category/politik/arbeit/

http://www.caritas.de/glossare/arbeitslosengeld-ii-alg-ii-hartz-iv

http://www.vdk.de/deutschland/

jobcenter / Arbeitsamt:

http://www.jobcenter-ge.de/

https://www.arbeitsagentur.de/web/content/DE/BuergerinnenUndBuerger/Arbeitslosigkeit
/Grundsicherung/index.htm

Interne Dienst-/Geschäftsanweisungen und Arbeitshilfen in den jobcentern:
https://redmine.piratenfraktion-berlin.de/dmsf/arbintfrau?folder_id=499

Adressen:

Einige hilfreiche oder nützliche Adressen werden hier aufgeführt.
Einmal werden bestehende Sozialverbände, karitative Institutionen, Gewerkschaften, Parteien und ähnliche aufgeführt, anschließend "politische Adressen", sowie solche der Bundesagentur für Arbeit (zuständig auch für die jobcenter). Wichtig hier die Listung der Regionaldirektionen, auch diese sollte man in geeignete Aktionen unbedingt einbeziehen.

Sozialverbände, karitative Institutionen, Gewerkschaften, Parteien:

Sozialverband Deutschland e.V.
Stralauer Str. 63
10179 Berlin
Telefon: 030 / 72 62 22 - 0
Telefax: 030 / 72 62 22 - 311
Mail: contact@sozialverband.de

Sozialverband VdK Deutschland e. V.
Linienstraße 131
10115 Berlin
Telefon: 030 9210580-0
Telefax: 030 9210580-110
kontakt@vdk.de

Deutscher Caritasverband e. V.
Karlstraße 40
79104 Freiburg
Deutschland
Telefon: +49 (0)761 200-0
Internetseite: www.caritas.de
E-Mail: info@caritas.de

Diakonie Deutschland - Evangelischer Bundesverband
Evangelisches Werk für Diakonie und Entwicklung
Caroline-Michaelis-Straße 1
10115 Berlin
Telefon: 030 65211-0
Fax: 030 65211-3333
diakonie@diakonie.de

Der Paritätische Gesamtverband
Oranienburger Str. 13-14
10178 Berlin
Telefon 030|24636-0
Telefax 030|24636-110
Internet: www.paritaet.org | www.der-paritaetische.de

Unabhängige Patientenberatung Deutschland (UPD)
Hotline: 0800–0117722
http://www.patientenberatung.de/

ver.di - Vereinte Dienstleistungsgewerkschaft
Bundesvorstand
Paula-Thiede-Ufer 10
10179 Berlin
Telefon (0 30) 69 56 - 0
Fax (0 30) 69 56 - 31 41
E-Mail: info@verdi.de
www.verdi.de

FAU
Freie Arbeiterinnen und Arbeiter Union (Föderation)
Website lokale Gewerkschaften:
http://www.fau.org/ortsgruppen/

Zentralwohlfahrtsstelle der Juden in Deutschland (ZWST)
Leitung: Benjamin Bloch (Direktor)
Hebelstrasse 6, 60318 Frankfurt am Main
Telefon: 069 / 944371-0, Fax: 069 / 494817
zentrale@zwst.org

Verband der Islamischen Kulturzentren e.V. (Sunnitisch)
Vogelsanger Straße 290
50825 Köln
Tel.: 0221/ 95 44 100
Fax: 0221 / 95 44 10 - 68
Mail: info@vikz.de

DIE LINKE
Bundesgeschäftsstelle
Matthias Höhn
Kleine Alexanderstraße 28
10178 Berlin
Telefon: (030) 24 009 397
Telefax: (030) 24 009 310
bundesgeschaeftsstelle@die-linke.de

Rechtskundiger Hartz IV:

Harald Thomé
Rudolfstr. 125
42285 Wuppertal
Email: info@harald-thome.de
http://www.harald-thome.de/

Selbsthilfeinitiative von Betroffenen für Betroffene:
Tacheles e.V.
Rudolfstr. 125
42285 Wuppertal
http://tacheles-sozialhilfe.de/startseite/

Politik und Bundesagentur für Arbeit (inklusive jobcenter):

Bundesbeauftragte für Datenschutz und Informationsfreiheit
Husarenstr. 30
53117 Bonn
Telefon: +49 (0)228-997799-0
Fax: +49 (0)228-997799-550
E-Mail: poststelle@bfdi.bund.de

Presse- und Informationsamt der Bundesregierung
Dorotheenstraße 84
10117 Berlin
Telefon: 030 18 272-0
Fax: 030 18 10 272-2555
internetpost@bundesregierung.de

Europäischer Gerichtshof für Menschenrechte:
European Court of Human Rights
Council of Europe
67075 Strasbourg Cedex
France
Telefon 00 33 (0) 388 4120 18
Telefax 0033 (0) 388 4127 30

Bundesagentur für Arbeit
Zentrale
Regensburger Straße 104
90478 Nürnberg
Arbeitnehmer: 0800 4 5555 00 *
Arbeitgeber: 0800 4 5555 20 *
Familienkasse: 0800 4 5555 30 *
* Der Anruf ist für Sie gebührenfrei.
Aus dem Ausland: +49 911 12031010 (gebührenpflichtig)
Montags-freitags: 08:00-18:00 Uhr

Datenschutzbeauftragter der BA:
Wolfgang Nörenberg
Regensburger Straße 104
D - 90478 Nürnberg
Tel: 0911 / 179-3660 oder -7805
Fax: 0911 / 179-5474
E-Mail: Zentrale.JDC-Datenschutz@arbeitsagentur.de

***

BA Regionaldirektionen

Baden-Württemberg:
Hölderlinstraße 36
70025 Stuttgart
Telefon: 0711 941-0
Telefax: 0711 941-1640
Mail: Baden-Wuerttemberg@arbeitsagentur.de

***

Regionaldirektion Bayern der Bundesagentur für Arbeit
Thomas-Mann-Straße 50
90471 Nürnberg

***

Regionaldirektion Berlin-Brandenburg
Friedrichstr. 34
10969 Berlin
Tel:0800 4 5555 00
Fax:
030/555599-4999
Berlin-Brandenburg.PresseMarketing@arbeitsagentur.de

***

Regionaldirektion Hessen der Bundesagentur für Arbeit
Saonestr. 2 - 4
60528 Frankfurt am Main
Telefon: +49 (0) 69 / 6670 - 0
Fax: +49 (0) 69 / 6670 - 459
E-Mail: hessen@arbeitsagentur.de

***

Bundesagentur für Arbeit
Regionaldirektion Niedersachsen- Bremen
Röpkestraße 3
30173 Hannover
Niedersachsen-Bremen.PresseMarketing@arbeitsagentur.de

***

Regionaldirektion Nord
der Bundesagentur für Arbeit
Projensdorfer Straße 82
24106 Kiel
Postanschrift:
Postfach 3007
24029 Kiel

Telefon: (04 31) 33 95-0
Fax: (04 31) 33 95-99 99
E-Mail: Nord@arbeitsagentur.de

***

Regionaldirektion Nordrhein-Westfalen
Josef-Gockeln-Str. 7
40474 Düsseldorf
Tel:0211 4306-0
Fax: 0211 4306-377
Nordrhein-Westfalen@arbeitsagentur.de

***

Regionaldirektion Rheinland-Pfalz-Saarland der Bundesagentur für Arbeit
Eschberger Weg 68
66018 Saarbrücken
Tel:0681/849-0
Fax: 0681/849-910 180
rheinland-pfalz-saarland@arbeitsagentur.de

***

Regionaldirektion Sachsen
Paracelsusstraße 12
09022 Chemnitz
Tel:0371-9118-0
Fax: 0371-9118-697
Sachsen@arbeitsagentur.de

***

Regionaldirektion Sachsen-Anhalt-Thüringen
Frau-von-Selmnitz-Straße 6
06018 Halle
Tel:0345 / 1332 - 0
Sachsen-Anhalt-Thueringen@arbeitsagentur.de

***

Bücher:

Norbert Wiersbin
Das Hartz-Desaster: Auf dem Weg in den Unrechtsstaat
Taschenbuch- 1. Juni 2013
Taschenbuch: 250 Seiten
Verlag: RaBaKa-Publishing; Auflage: 1 (1. Juni 2013)
ISBN-10: 3940185248
ISBN-13: 978-3940185242

Stichworte zum Inhalt:
Über dreißig Jahre arbeitete der Erziehungswissenschaftler Norbert Wiersbin beruflich, politisch und ehrenamtlich in der Arbeits- und Sozialpolitik
Er warnt hier vor der Gefährdung des sozialen Friedens und den Auswirkungen auf die freiheitlich demokratische Grundordnung durch das SGB II / Hartz IV.
Fallbeispiele und detaillierte Nachweise über Rechtsverstöße unterstützen seinen vehementen Aufruf für den Erhalt des sozialen Friedens und die Schaffung einer solidarischen, menschengerechten Gesellschaft.

Peter Hetzler
Hartz 5: Ein Hartz IV-Roman
Taschenbuch- 26. April 2013
Taschenbuch: 156 Seiten
Verlag: Books on Demand; Auflage: 1 (26. April 2013)
ISBN-10: 3732237907
ISBN-13: 978-3732237906

Stichworte zum Inhalt:
Peter Hetzler ist Journalist und Mitarbeiter einer Erwerbslosengruppe. Viele der geschilderten Situationen haben sich so oder ähnlich tatsächlich zugetragen, gibt er an. Informativ, ermutigend und teils sogar amüsant. Die Nachahmung aller geschilderter Aktionen kann natürlich nur bedingt empfohlen werden, sofern man im "grünen Bereich" bleiben will...

Inge Hannemann
Die Hartz-IV-Diktatur: Eine Arbeitsvermittlerin klagt an
Taschenbuch- 24. April 2015
Taschenbuch: 288 Seiten
Verlag: rororo (24. April 2015)
ISBN-10: 3499630656
ISBN-13: 978-3499630651

Stichworte zum Inhalt: Inge Hannemann, selbst etliche Jahre Arbeitsvermittlerin und Fallmanagerin im jobcenter deckt auf, was in den jobcentern Deutschlands Tag für Tag geschieht, welche menschlichen Tragödien die Hartz IV-Sanktionen auslösen- und wie teuer das unseren Staat zu stehen kommt.

Burkhard Tomm-Bub (M.A.)
Geringe Mitnahme-Effekte! - Ein fiktiver jobcenter-Krimi -
Buchdetails
Buch-Shop Belletristik & Literatur → Krimi & Thriller
ISBN: 9783737550628
Format: DIN A5 hoch
Seiten: 40
Erscheinungsdatum: 03.06.2015

Stichworte zum Inhalt:
Ein jobcenter-Krimi des langjährig als Sozialfachkraft im Sozialamt und später einige
Jahre als Fallmanager im jobcenter tätigen Sozialarbeiters. Die Geschichte ist natürlich
rein erfunden! Darauf gebe ich Ihnen mein Ehrenwort- ich wiederhole: ich gebe Ihnen
mein Ehrenwort! ...

Harald Thomé
Leitfaden Alg II / Sozialhilfe von A-Z
Autoren: Frank Jäger, Harald Thomé
Umfang: 616 Seiten
Stand: 28. Auflage, 1. September 2015
ISBN: 978-3-932246-66-1

Stichworte zum Inhalt:
Der Titel ist selbsterklärend. Thomé weiß, wovon er spricht!
Und er ist DER Rechtsexperte.

Christoph Butterwegge
Hartz IV und die Folgen: Auf dem Weg in eine andere Republik?
Taschenbuch – 8. Januar 2015
Taschenbuch: 290 Seiten
Verlag: Beltz Juventa; Auflage: 2 (8. Januar 2015)
Sprache: Deutsch
ISBN-10: 3779932342
ISBN-13: 978-3779932345

Stichworte zum Inhalt:
Prof. Dr. Christoph Butterwegge lehrt Politikwissenschaft an der Universität Köln.
Viele Fakten, sachlich, aber auch provozierend, gründlich aber sozial engagiert und
parteilich -das macht dieses Buch aus.

"Revolution muss Spaß machen- und jeder darf mitmachen!"
(Russell Brand)

Darf man über ein so ernstes Thema überhaupt Witze machen?
Vielleicht muss man das sogar.
Wenn Lachen die einzige Alternative zum Weinen ist: nicht nur dann ist es eine gute Alternative.
Galgenhumor kann erleichtern, Satire kann Wirkung erzielen; den Gegner auszulachen, kann ihm einiges von seinem Schrecken nehmen, seine Macht Angst einzujagen mindern.
Pointen transportieren oft auch Informationen.
Und: vielleicht wäre es ja auch mal eine originelle Idee, bei der nächsten öffentlichen Kundgebung, oder einer Demo vor dem jobcenter, eine kleine Lesung zu veranstalten, mit thematisch passenden Witzen und Sarkasmen!
In diesem Sinne hier einiges als "Starter-Set".

17 + 4 Witze, Sarkasmen und Berichte aus dem Arbeitslosenbereich

Arbeitsvermittlung (Radio Eriwan)
Frage an Radio Eriwan: "Können die Arbeitsvermittler allen Menschen Arbeitsplätze vermitteln?"
Antwort: "Im Prinzip ja, aber haben Sie schon mal Zitronenfalter Zitronen falten sehen?"

***

Bienenfleißig
Kommt ein Fallmanager in das Büro seines Kollegen. Dieser ohne aufzusehen: "Guten Tag, setzen Sie sich, wir müssten eine neue Eingliederungsvereinbarung (EGV) unterschreiben, weil die alte abgelaufen ist, die drucke ich Ihnen sofort aus, steht nichts neues oder beunruhigendes drin, wenn Sie gelegentlich einen längeren Gesprächstermin wünschen können Sie mir das aufschreiben, wenn Sie jetzt bitte im Flur warten wollen, ich komme sogleich mit der EGV zu Ihnen, auf Wiedersehen. Nennen Sie mir zuvor aber bitte noch Ihre BG-Nummer."
Meint der andere Fallmanager: "Mensch, Frankie, ich bin`s doch nur, der Jürgen! Du hast es aber wirklich voll gefressen, mit den Minimum 98% aktiver EGV`s bis Quartalsende, die wir unbedingt bringen sollen!"

***

Erfolgreich vermittelt!
Was sagt ein arbeitsloser Chemiker zu einem Chemiker, der nach langen Jahren der Arbeitssuche endlich durch das jobcenter eine Stelle gefunden hat?
"Einmal Pommes mit Mayo, bitte!"

***

Fachpersonal
Projekt-Bewerbungsgespräch im jobcenter:
Personalchef: „Warum sollte ich denn Sie als Organisations- Berater anheuern, statt z.b.

interne Verbesserungsvorschläge zu sammeln?"
Bewerber: „Weil ich nicht bei Ihrer Institution angestellt bin. Kein intelligentes Wesen tut sich so was an."
Personalchef: „Nun … ICH arbeite hier."
Bewerber: „Entschuldigung. Ich versuche, langsamer zu sprechen."

***

Finaler Vermerk
Aus den EDV- Vermerken eines Fallmanagers:
"Der Kunde Hans Sehhoffer ist zum Termin nicht erscheinen, jedoch traf eine formlose Nachricht ein, er sei vor wenigen Tagen verstorben und jetzt an einem besseren Ort. Neutermin mit Rechtsbehelfsbelehrung wurde versandt, Sanktion wegen Nichterscheinens in Aussicht gestellt. Wenn ein wichtiger Grund für das Fernbleiben bestand, muss dies anhand rechtsgültiger (!) Belege nachgewiesen werden. Weiterhin wird anhand der Mitteilung zu prüfen sein, ob unerlaubte Ortsabwesenheit vorliegt. WV."

***

Gehaltsvorstellung
Am Ende des Vorstellungsgesprächs fragt der Verantwortliche den Interessenten: "Und? Was für ein Einstiegsgehalt hatten Sie sich denn so vorgestellt?"
"Nun ja," sagt der angehende Vorabeiter, "für Frau und Kind sollte es halt schon halbwegs reichen ...".
Der Personalmensch der Zeitarbeitsfirma antwortet: "Mmh, klar. Was würden Sie zusätzlich von acht Wochen Urlaub mit Urlaubsgeld, einer betrieblichen Altersversorgung zur Aufstockung der Rente und einem Firmenwagen halten?"
Dem Arbeitswilligen fällt die Kinnlade herunter. "Hä? Das kann ja nicht Ihr Ernst sein. Sie wollen mich wohl veräppeln?"
"Klar", antwortet der Personalleiter, "aber Sie haben ja vorhin damit angefangen!"

***

Internes Belohnungssystem (Radio Eriwan)
"Werden konstruktiv- kritische jobcenter- MitarbeiterInnen belobigt?"
Antwort von Radio Eriwan:
"Im Prinzip ja, zumeist allerdings mit arbeitsrechtlichen Maßnahmen, Abmahnungen und Suspendierungen."

***

Jobcenter-Kurzwitz
Wird ein Arbeitsloser einer sinnvollen Maßnahme zugewiesen …

***

Mitarbeiterqualifizierung intern
Die BA- Zentrale hat seine Spitzenleute auf ein teures Seminar geschickt. Sie sollen lernen, auch in schwierigen Situationen Lösungen zu erarbeiten und rasch und praxisnah zu entscheiden. Am zweiten Tag wird einer Gruppe von Führungskräften die Aufgabe gestellt, die Höhe einer Fahnenstange zu messen. Sie gehen hinaus auf den Rasen,

beschaffen sich eine Leiter und ein Bandmaß. Die Leiter ist aber zu kurz. Also holen sie noch einen Tisch, auf den sie die Leiter stellen. Es reicht immer noch nicht. Sie stellen noch einen Stuhl auf den Tisch. Da das alles sehr wackelig ist, fällt der ganze Aufbau immer wieder um. Alle reden gleichzeitig. Jeder hat andere Vorschläge zur Lösung des Problems. Eine Konferenz und Arbeitsgruppen werden vorgeschlagen. Ein Fallmanager der ersten Generation kommt vorbei, sieht sich das Treiben ein paar Minuten lang an. Dann zieht er wortlos die Fahnenstange aus dem Boden, legt sie hin, nimmt das Bandmaß und misst die Stange von einem Ende zum anderen. Er schreibt das Ergebnis auf einen Zettel und drückt ihn zusammen mit dem Bandmaß einem der Führungskräfte in die Hand.
Dann geht er wieder seines Weges.
Kaum ist er um die Ecke, sagt einer der Top- Kräfte: "Das war ja jetzt wieder typisch alte Fallmanager- Generation! Wir müssen die Höhe der Stange wissen und er sagt uns die Länge! Deshalb lassen wir natürlich solche Leute auch nie in den Vorstand aufsteigen und entfernen sie auch nach und nach aus den jobcentern!"

***

Politische Unterstützung
Ein Reporter fragt Angela Merkel: "Frau Bundeskanzlerin, was sagten sie doch neulich in Ihrer großen Rede über die Arbeitslosigkeit in der Bundesrepublik?"
"Ich? Nichts!"
"Natürlich, das ist ja klar, ich wollte nur noch mal wissen, wie sie es formuliert hatten."

***

Prioritäten
Wochenenddienst: der Chef einer Feuerwehrwache kommt - beide Hände tief in den Hosentaschen gesteckt - ganz langsam in den Aufenthaltsraum seiner Männer.
Nachdem er sich gesetzt und genüsslich einen Kaffee getrunken hat, sagt er bedächtig: "Macht euch mal ganz langsam und sachte fertig, Jungs- das jobcenter brennt ...".

***

Realwirtschaft
Zwei Unternehmer am Panoramafenster mit Blick auf die Fabrik.
1: Das wäre doch nun absoluter Quatsch, Arbeitslose einzustellen, wenn unsere Leute doch bereit sind, so viele Überstunden für kleines Geld zu machen!
2: Hm- und wenn sie sich irgendwann doch weigern?
1 (grinst): Die werden sich hüten! Wozu haben wir denn schließlich diese vielen Arbeitslosen, wenn nicht zur Abschreckung?!

***

Simulanten-Empörung
Der Fallmanager macht eine Mitteilung an den Leistungs-Sachbearbeiter. "Ich wurde informiert, dass der Kunde Herr Altweiß, der Krankheitssimulant, Vorgestern verstorben ist."
Leistungssachbearbeiter: "Was?! -Na. Jetzt übertreibt er aber wirklich!"

***

Sinnvolle Investitionen (Radio Eriwan)
Frage an Radio Eriwan:
"Sind Eingliederungszuschüsse und sonstige Prämien des jobcenters für Unternehmer effektive Instrumente der Arbeitsvermittlung?"
Antwort von Radio Eriwan:
"Im Prinzip ja! Allerdings ... haben Sie schon mal versucht, eine Drehtür zu zu knallen?"

***

Soziale Hängematte (Radio Eriwan)
Haben Hartz IV EmpfängerInnen und ein Frosch etwas gemeinsam?
Antwort von Radio Eriwan:
Im Prinzip ja. Beiden steht das Wasser bis zum Hals- und sie müssen auf die Mücken warten!

***

Traumjob
Kunde im Büro des Fallmanagers beim jobcenter. "Hätten Sie denn heute ein passendes Jobangebot für mich?"
Der Fallmanager: "Na klar, auf Mallorca, 20 Stunden die Woche, freier Swimmingpool, drei Riesen, jeden Morgen Sektfrühstück".
Darauf entgegnete der Kunde etwas verwirrt: "Wie jetzt? Woll`n Sie mich vereimern?"
Darauf der Fallmanager: "Schon. Aber hören Sie, Sie haben doch schließlich eben damit angefangen!"

***

Verbesserungen
"Na,", fragt der eine Fallmanager den anderen auf dem Flur, "wie läuft`s denn so, bei Euch in der Abteilung?".
"Tja,", meint der andere. "Falldurchschnitt 385 Fälle, zwei Leute krank, Chef macht Druck wg. Sanktionsquote und 3 Maßnahmen müssen wir befüllen, egal mit wem und wie, bis Ende der Woche ..."
"Oho. Also schon viel besser als vorige Woche, Glückwunsch, da kann man ja echt nicht meckern!!"

***

Verhältniszahlen
Wie viele Physiker braucht man um eine Glühbirne einzuschrauben?
Antwort: Einen- aber 400 bewerben sich.

***

Vermittlungsrekord! (Radio Eriwan)
Frage an Radio Eriwan: Stimmt es, dass das jobcenter Hamburg allen Arbeitssuchenden im Einzugsgebiet eine Arbeitsstelle vermittelt hat?
Antwort von Radio Eriwan: Im Prinzip ja, jedoch war es nicht das jobcenter Hamburg, sondern das jobcenter in Berlin. Und es war dort nicht das jobcenter, sondern der

Fallmanager Max Kreimeier.
Und er hat nicht allen eine Arbeitsstelle vermittelt, sondern der Kundin Henrike Hölscher.
Und der hat er keine Arbeitsstelle verschafft, sondern sie sanktioniert, weil sie, obwohl Sozialwissenschaftlerin, einen job im Call- Center nicht annehmen wollte.

***

Wahre Märchen
Sitzen der Papst, der Osterhase, Robin (=der Gehilfe von Batman) und ein qualifizierter Fallmanager Ende 2016 um einen Tisch herum.
In der Mitte liegt eine Tafel Schokolade. Wer bekommt sie am Ende?
Der Papst! -Alle anderen gibt es ja gar nicht!

***

Zwingende Voraussetzung
Vorstellungsgespräche zur Einstellung eines jobcenter- Mitarbeiters:
"An welche Position hätten Sie denn gedacht?" "Geschäftsführer!"
"Sind Sie verrückt?" "Nein, ist das Bedingung?"

***

Disclaimer

Disclaimer allgemein:
Ich distanziere mich deutlichst von allem rechten, faschistischen, autoritären, chauvinistischen, neonazistischen, rassistischen, fremdenfeindlichen, fundamentalistischen, verschwörungstheoretischen, querfrontlerischen und menschenverachtenden Gedankengut.
   Ebenso lehne ich extremes Gedankengut und extrem gelebte Ideologien und Fanatismus ab.
Die Angaben in diesem Buch erfolgen nach bestem Wissen und Gewissen, jedoch naturgemäß ohne Gewähr.

Link-Haftung:
Dieses Buch enthält Links zu externen Webseiten Dritter, auf deren Inhalte ich keinen Einfluss haben. Daher kann ich für diese fremden Inhalte auch keine Gewähr übernehmen. Für die Inhalte der verlinkten Seiten ist stets der / die jeweilige AnbieterIn / BetreiberIn der Seiten verantwortlich. Die verlinkten Seiten wurden zum Zeitpunkt der Verlinkung auf mögliche Rechtsverstöße überprüft. Rechtswidrige Inhalte waren zum Zeitpunkt der Verlinkung nicht erkennbar.

Disclaimer persönlich:
Ich spreche hier für mich. Sofern nicht ausdrücklich anders gekennzeichnet handelt es sich jeweils um meine Meinung. Eine Meinung, die ich im Rahmen des Artikels 5 Absatz 1, Grundgesetz für die Bundesrepublik Deutschland, äußere und verbreite. Ich gehöre keiner Partei, Kirche, Sekte, oder ähnlichem an. Als Arbeitnehmer (Angestellter), sozial engagierter Mensch und als Patient bin ich andererseits auch kein vollständig „vereinsloser" Mensch. So bin ich etwa Fördermitglied bei greenpeace und world vision und gewerkschaftlich bei ver.di organisiert. Ein Gleiches gilt für den Sozialverband VdK. Jedoch habe ich hier nirgends irgendwelche Ämter oder Posten inne. Meine Mitgliedschaften dort stehen in keinerlei auch nur entfernten Zusammenhängen mit meinen Beiträgen in diesem Buch!

Alle Angaben erfolgten mit Stand November 2015.
Dies nach bestem Wissen und Gewissen, aber naturgemäß ohne Gewähr. Informieren Sie sich bitte ZEITNAH bei Ihrem jobcenter, in Beratungsstellen und über seriöse Quellen im Internet. Vergleichen Sie diese und fragen Sie im Zweifel nochmals nach.

Dank / Impressum

Dank an:

+ R. Wildblume.
Weil es sie gibt.

+ Inge Hannemann, Norbert Wiersbin, Marcel Kallwas und Ralph Boes.
Für die Inspiration und vorbildliche Impulse.

+ Christoph Butterwegge.
Für die öffentliche professorale Unterstützung des Themas.

+ FHP: Freie Hartz IV Presse © by Perry Feth.
Für die Bereitschaft mit Material zu unterstützen.

+ Rosi S.
Für moralische Unterstützung und Hinweise.

+ erben der tara / Ellen Vaudlet.
Für Unterstützung mit Material und Inspiration.

+ Christel T., die jobcenter-Aktivistin.
Für die indirekte moralische Unterstützung.

+ Sascha Bulazel und seine literarische Familie.
Für handwerkliche und moralische Unterstützung.

+ die SympathisantInnen
Für die moralische Unterstützung.

+ die GegnerInnen und erklärten Feinde.
Den Gegnern für ihre knallharte Ehrlichkeit, den Feinden für die Gelegenheit zur Schärfung des eigenen Standpunktes.

Autor:

Burkhard Tomm-Bub, M.A.
67063 Ludwigshafen
Jakob-Binderstr. 22
ogma1@t-online.de

HANDBUCH WIDERSTAND -GEGEN HARTZ 4!

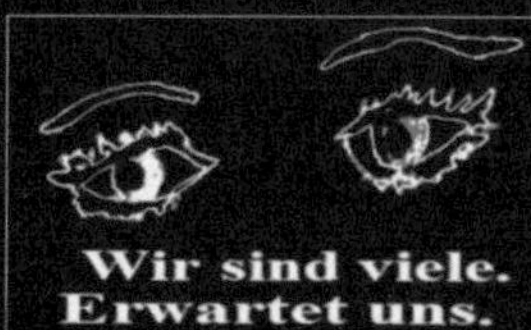

Das System Hartz IV, beziehungsweise Arbeitslosengeld II, ist auf eine traurige und ethisch sehr bedenkliche Weise gescheitert! Jedenfalls dann, wenn wir die Maßstäbe von Gerechtigkeit und Menschlickeit anlegen. Und das sollten und müssen wir tun!

Es ist gescheitert, es war von Anfang an mit ethischen Mängeln und Denkfehlern behaftet und es wurde im Laufe der Jahre immer weiter und mit Wucht "vor die Wand gefahren" -zum Schaden von uns Allen!

Burkhard Tomm-Bub, M.A.
EX-Fallmanager im jobcenter
2015

DIE OHRFEIGEN-PERFORMANCE

... fand am 05.11.2019 ca. 30 Minuten nach der Urteilsverkündung des BVerfG vor dem Gebäude statt.

Das Motto / Thema:

"Hartz IV, die ethische Katastrophe - jedes Prozent Sanktion ist ein Schlag ins Gesicht des Grundgesetzes!"

Die folgenden Fotos sind hoffentlich selbsterklärend ...

Es gibt hierzu auch einen Clip auf youtube. Gern anschauen und weitersagen!
 :-)

https://www.youtube.com/watch?v=VM84Q8nYtTw

MfG
Burkhard Tomm-Bub, M. A.

HARTZ IV-

DIE ETHISCHE

KATASTROPHE!

Ohrfeigen - Performance

Ca. 30 Min. nach Urteils- verkündung am Info-Stand!

Grundgesetz!
Jedes % Sanktion
=
Ein Schlag ins
Gesicht des
Grundgesetzes!
Partei- & Gruppen
NEUTRALER
Info- & Proteststand
Jedes % Sanktion
=
Ein Schlag ins
Gesicht des
Grundgesetzes!

Grundgesetz!
Jedes % Sanktion
=
Ein Schlag ins
Gesicht des
Grundgesetzes!
ETHISCHE KATASTROPHE!

Solidarität
Wir vermissen dich
Menschlichkeit
Wir vermissen dich

Ohrfeigen -
Performance
Ca. 30 Min. nach Urteils-
verkündung am Info-Stand!

Menschlichkeit
Solidarität
Wir vermissen dich

Ohrfeigen - Performance
Jedes % Sanktion
=
Ein Schlag ins Gesicht des Grundgesetzes!
Jedes % Sanktion
=
Ein Schlag ins Gesicht des Grundgesetzes!
EVas Eyes

Ohrfeigen -
Performance
Jedes % Sanktion
Ein Schlag ins
Gesicht des
Grundgesetzes
SANKTIONEN
MENSCHENRECHTE
an die
TAGESORDNUNG
EVas Eyes

Ohrfeigen -
Performance
Sanktion
Sanktion
hlag ins
ht des
setzes!
BGE
HARTZ4
Weltrettung-
EVas Eyes

JUST
EVas Eyes

Grundges
GEGEN HARTZ IV
Inwieweit
darf das Existenzminimum
minimiert werden,
damit es bedarfsdeckend ist
Ein Schlag in
Gesicht des
Grundrechts
EVas Eyes

EVas Eyes

Jedes % Sanktion
=
Ein Schlag ins
Gesicht des
Grundgesetzes.
EVas Eyes

Grundgesetz!
Partei- & Gruppen
NEUTRALER
Info- & Protestand.
Jedes % Sanktion
=
Ein Schlag ins
Gesicht des
Grundgesetzes!
Jedes % Sanktion
=
Ein Schlag ins
Gesicht des
Grundgesetzes!
EVas Eyes

Justitia!
Grundgesetz
EVas Eyes

Justitia
Gesetz!
HARTZ IV-
DIE ETHISCHE
KATASTROPHE!
Partei- & Gruppen-
NEUTRALER
Info- & Proteststand.
Jedes % Sanktion
=
Ein Schlag ins
Gesicht des
Grundgesetzes
EVas Eyes

Justitia
Gesetz!
GEGEN HARTZ IV !
Jedes % Sanktion
Ein Schlag ins
Gesicht des
Gesetzes!
70 Jahre
Die WÜRD
MENSCHEN
UNANTASTBA
% Sanktion
lag ins
des
tzes!
EVas Eyes

Jedes % Sanktion
=
Ein Schlag ins
Gesicht des
Grundgesetzes!
EVas Eyes

Jedes % Sanktion
=
Ein Schlag ins
Gesicht des
EVas Eyes

Solidarität
Wir vermissen
dich
EVas Eyes

EVas Eyes

Menschlichkeit
Wir vermissen
dich
Solidarität
Wir vermissen
dich
EVas Eyes

gesetz!
EVas Eyes

Jedes % Sanktion
=
Ein Schlag ins
Gesicht des
Grundgesetzes!
Grundgesetz
EVas Eyes

Jedes % Sanktion
=
Ein Schlag ins
Gesicht des
Grundgesetzes!
SANKTIONEN
ins Fetisch-Museum
MENSCHENRECHT
an die
TAGES
EVas Eyes

Ein Schlag ins
Gesicht des
Grundgesetzes!

DANK an:

FriGGA W.
Harald K.
Tanja H.
Ellen V.

Kerstin K.
Eberhard G.

und alle anderen helfenden Menschen!

HARTZ IV-

DIE ETHISCHE

KATASTROPHE!

Jedes % Sanktion

=

**Ein Schlag ins
Gesicht des
Grundgesetzes!**

MfG
Burkhard "Tom" Tomm-Bub, M. A.
- EX-Fallmanager im jobcenter -
- Aktivist gegen Hartz IV -

Hall of fame
-Gegen Hartz IV!-

Inge Hannemann, Norbert Wiersbin, Marcel Kallwass,
Sandra Schlensog, Ralph Boes, FriGGA Wendt, Tanja
Hilton, Harald Knoll, Harald Thomè, Charlotte Mourner,
Peter Hetzler, Prof. C. Butterwegge, Jens Petermann,
Bettina Kenter-Götte, Katja Kipping, Michael Fielsch,
Simone Lange, Perry Feth, Prof. Stefan Sell, Kerstin
Koepke und Co., ...

*Bitte unten weitere Menschen eintragen, die ich vergessen
habe, wofür ich mich vorab herzlich entschuldige!*

....

....

....

....

<u>DANKE!!</u>

Weitere Bücher des Autors:

Cyberspace VR virtual reality

Der Comic

Burkhard Tomm-Bub

Verlag: Books on Demand
Erscheinungsdatum: 15.04.2019

22,99 € <u>Buch</u>
inkl. MwSt. / <u>portofrei</u>
sofort verfügbar

HANDBUCH WIDERSTAND gegen HARTZ IV

Rat vom EX-Fallmanager

Burkhard Tomm-Bub, M. A.

Verlag: Books on Demand
Erscheinungsdatum: 04.01.2019

5,49 € <u>Buch</u>
inkl. MwSt. / <u>portofrei</u>
sofort verfügbar

2,99 € <u>E-Book</u>
inkl. MwSt.
sofort lieferbar als
Download

NEU

Pan(en)theistischer Notizblog NUR ICH NUR DU

- Pantheismus / Panentheismus -

Burkhard Tomm-Bub

Verlag: Books on Demand
Erscheinungsdatum: 10.05.2019

3,99 € <u>Buch</u>
inkl. MwSt. / <u>portofrei</u>
sofort verfügbar

NEU

D_ebakel B_odenlos

Zügige Satiren - bahnhafte Erlebnisse

Burkhard Tomm-Bub

Verlag: Books on Demand
Erscheinungsdatum: 08.05.2019

4,99 € <u>Buch</u>
inkl. MwSt. / <u>portofrei</u>
sofort verfügbar

Hartz IV - die ethische Katastrophe - Fakten vom E(...)

-Blogberichte gegen das Unrecht-

Burkhard Tomm-Bub

Verlag: Books on Demand
Erscheinungsdatum: 10.12.2018

8,99 € <u>Buch</u>
inkl. MwSt. / <u>portofrei</u>
sofort verfügbar

IMPRESSUM

Autor des Buches ist

Burkhard Tomm-Bub, M.A.
67063 Ludwigshafen
Jakob-Binder-Strasse 22
Mail: ogma1@t-online.de

Herstellung und Verlag:
BoD - Books on Demand, Norderstedt
ISBN 978-3-7504-2178-3

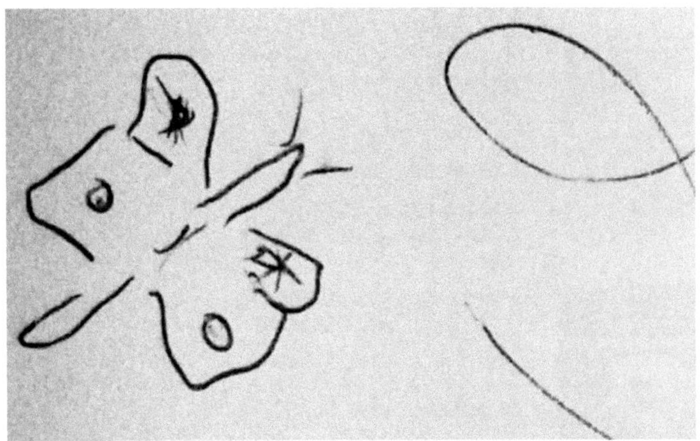